AF573086

Yogasutra

für Einsteiger

Entdecke die Seele des Yogas und lerne,
die Lehren des Patanjali Schritt für Schritt in
deinem Alltag anzuwenden

Mira Blumenberg

Alle Ratschläge in diesem Buch wurden vom Autor und vom Verlag sorgfältig erwogen und geprüft. Eine Garantie kann dennoch nicht übernommen werden. Eine Haftung des Autors beziehungsweise des Verlags für jegliche Personen-, Sach- und Vermögensschäden ist daher ausgeschlossen.

Email: info@edition-lunerion.de
www.edition-lunerion.de

Psiana eCom UG
Berumer Str. 44
26844 Jemgum

INHALT

Einleitung

Das Leben ist manchmal alles andere als leicht und jeder von uns muss sich täglich neuen Herausforderungen stellen. Das können ganz kleine und alltägliche Dinge sein, aber auch wichtige Entscheidungen, die durchaus einen großen Einfluss auf unser Leben haben. Häufig sind es genau diese Entscheidungen, die Sorgen und Ängste in uns auslösen, weil wir an die möglichen Konsequenzen in der Zukunft denken.

Die Gedanken daran, was möglicherweise passieren könnte und welchen Einfluss das auf unsere Existenz hat, lässt uns etwas ganz Entscheidendes und außerordentlich Wichtiges vergessen – das Leben im Hier und Jetzt. Wir sind nicht da, wo das Leben wirklich stattfindet, und wir sind auf einem guten Weg, uns immer weiter davon zu entfernen.

Die meisten Menschen sind im Jetzt nie vollständig präsent, weil sie unterbewusst daran glauben, dass der nächste Moment wichtiger sein könnte als der, in dem sie sich gerade befinden. Wenn wir unser Leben jedoch unter diesen Voraussetzungen leben, verpassen wir Unmengen an potenziellen *„besten Augenblicken"*. Wissen Sie, wann Sie das letzte Mal vollkommen gegenwärtig waren? Viele Menschen sind sich gar nicht bewusst darüber, dass sie von ihrem Unterbewusstsein gesteuert und die meiste Zeit weit entfernt von Ihrem reinen Geisteszustand sind.

Ein weiteres Problem ist, dass wir uns mit vergangenen Erfahrungen identifizieren und zulassen, dass unser Verstand die Kontrolle über uns übernimmt. Negative Erlebnisse und damit verbundene Emotionen werden auf aktuelle Gegebenheiten übertragen und hindern uns daran, unvoreingenommen und offen für neue Erfahrungen zu sein. Uns wird schon im Kindesalter beigebracht, das Geld und materieller Besitz eine große Rolle spielen und wir eine langjährige und anerkannte Ausbildung benötigen, um erfolgreich zu sein. Immer mehr Menschen befinden sich in einem ständigen Teufelskreis aus Erfolgsdruck, daraus resultierenden Selbstzweifeln, bis hin zu Depressionen.

Während die einen sich jedoch nicht einmal über das Chaos ihres Geistes bewusst sind, wissen die anderen nicht, wie sie dieses beseitigen oder zumindest organisieren können. Um einen Ausgleich für all das Chaos aus Gedanken und den täglichen Herausforderungen des Alltags zu finden, wenden sich viele Menschen dem Yoga zu, ohne eigentlich zu wissen, welchen Weg sie damit einschlagen.

Tatsächlich verbinden die meisten Menschen das Wort Yoga mit dem Bild von jemandem, der sich verdreht und verbiegt oder kopfüber auf seiner Yogamatte steht. Und obwohl diese Bilder in gewisser Weise nicht ganz unwahr sind, sind sie als Beschreibung und von der eigentlichen Bedeutung des Yogas weit entfernt. Diese Bilder sind lediglich das, was uns heutzutage von den Medien vermittelt wird. Zeitschriften, Filme und Werbeanzeigen haben dazu beigetragen, ein unvollständiges Bild darüber zu erschaffen, was Yoga wirklich ist. Die Wahrheit über Yoga ist etwas viel Größeres. Es ist vielmehr ein Zustand, in dem jeglicher Schmerz und jede Form von Leid vollständig aufgelöst werden können, wenn man sich der Praxis vollständig hingibt. Yoga ist die Kontrolle des Geistes.

Es ist also definitiv mehr als nur ein System aus Bewegung, Entspannung und Dehnübungen. Wahrscheinlich ist es sogar die älteste und heiligste Tradition, die der Menschheit bekannt ist. Ihre Wurzeln reichen mehrere Jahrtausende und weiter zurück als jede andere Religion und jeder andere spirituelle Weg.

Yoga ist eine Tradition, die alle Facetten des Lebens untersucht und der wahren Realität auf den Grund gegangen ist. Sie hat die Geheimnisse des Lebens dort entdeckt und das Wissen offen für all diejenigen bereitgestellt, die danach streben, ein Teil davon zu sein. Ganz egal, an welchem Punkt Sie sich gerade befinden, Sie können immer und zu jeder Zeit mit der Praxis beginnen.

Wenn Sie das Gefühl haben, dass Sie innerlich aus dem Gleichgewicht geraten sind und Ihr Verstand sich in einem unruhigen und chaotischen Zustand befindet, ist dies Ihr Ausgangspunkt. Wenn Sie sich körperlich schwach, ungesund und unwohl fühlen, kann auch dieser Zustand ein Anfang sein. Yoga ist immer dann bereit, wenn Sie es sind. Es bietet nicht nur den weisesten, sondern auch den praktischsten Rat für jeden Menschen in jeder Lebenssituation, ganz unabhängig von dessen Persönlichkeit, Alter, Beruf oder Bildungsniveau. Yoga ist ein System für Ihre ganzheitliche Entwicklung, also die Entwicklung auf allen Ebenen – körperlich, mental und spirituell.

Es geht darum, Ihren Verstand von jeglicher Illusion und unbewusster Konditionierung zu befreien, sodass Sie die Kontrolle über Ihr Bewusstsein erreichen und Sie Ihr volles Potenzial ausschöpfen können. Das

Einzige, das Sie bislang davon abhält, zu erkennen, dass alles auf der Welt und in unserem Universum miteinander verbunden ist und Sie ganz allein für Ihre eigene Realität verantwortlich sind, ist Ihr Ego, eine Illusion Ihres getrennten Selbst.

All das, was in Ihrer Realität existiert und für Sie greifbar ist, basiert letztendlich nur auf dem, was Sie für wahr halten. Um das zu erkennen, ist Yoga sowohl Ihr Mittel als auch das Ziel. Die Grundlagen des Yogas können also ein sehr wertvolles Mittel sein, wenn Sie im Chaos Ihres alltäglichen Lebens den wahren Sinn und Ihr wahres Selbst finden möchten.

Doch wie kommt es, dass solch eine alte Tradition unser Leben noch heute prägt? Dafür ist nicht nur das Interesse an einem ausgeglicheneren Lebensstil der Bevölkerung verantwortlich, sondern vor allen Dingen der indische Weise und Gelehrte Patanjali. Er war der Verfasser des wichtigsten Leitfadens des Yogas, der als Wegweiser für alle Praktizierenden gilt, die sich auf die Suche nach ihrer individuellen Verwirklichung gemacht haben.

Wer war Patanjali?

Eine Frage, die sich gar nicht so leicht beantworten lässt. Obwohl er als Vater des modernen Yogas gilt, bevorzugte Patanjali die Anonymität. Die Geschichte über ihn und sein Leben beruht also größtenteils auf Spekulationen. Wie bei vielen anderen großen Persönlichkeiten in der Geschichte gibt es viele Mythen darüber, wer Patanjali war und wann er lebte.

Ganz klar ist jedoch nicht, warum so wenig über jemanden bekannt ist, der als Verfasser des wohl wichtigsten Manuskriptes in der Geschichte des Yogas gilt – des Yoga-Sutras. Patanjali war ein Weiser, der einigen Gelehrten zufolge zwischen 200 v. Chr. und 200 n. Chr. lebte und lehrte. Auch die Geschichte seiner Geburt hat im Laufe der Jahrhunderte fast schon mystische

Dimensionen angenommen. Eine dieser Geschichten erzählt von einer Yogini namens Gonika, die befürchtete, dass Ihr Leben zu Ende gehen würde. Eines Tages betete sie zu den Göttern, ihr einen Sohn zu schenken, dem sie all ihr Wissen weitergeben könne. Am Ende ihrer Meditation schloss sie die Augen und schöpfte etwas Wasser in ihre leeren Handflächen, um es dem Sonnengott „Surya" anzubieten.

Als sie ihre Augen wieder öffnete, befand sich in ihren Handflächen eine kleine Schlange, die menschliche Gestalt annahm. Vor lauter Schreck ließ sie das Kind fallen, was am Ende auch dazu führte, dass sie ihm den Namen Patanjali gab. „Pat" bedeutet „gefallen" oder „fallen" und „anjali" steht für das „Gebet". Gonika gab also all ihr yogisches Wissen an ihren Sohn weiter und übertrug ihm somit die Aufgabe, spirituelle Erleuchtung auf die Erde zu bringen.

Diese Geschichte ist wohl der bekanntere Teil über Patanjalis Geburt und Existenz und erklärt auch, warum er bildlich häufig als halber Mensch und als halbe Schlange dargestellt wird. Es gibt jedoch noch eine weitere, sehr mysteriöse Geschichte darüber, wie Patanjali lebte und lehrte. Es heißt, dass er hinter einer Leinwand oder einem Schleier lehrte und niemand sein wahres Gesicht kannte.

Menschen reisten aus ganz Indien an, um mehr von seinem Wissen und seinen Lehren zu erfahren.

Zwar zeigte er weder sein Gesicht noch sprach er ein einziges Wort zu seinen Schülern, dennoch heißt es, dass die Menschen den Raum mit all dem Wissen über den einzig wahren Sinn des Yogas verlassen würden. Bevor er mit seiner Lehre begann, stellte er zwei einfache Regeln auf. Die erste Regel war, dass es niemandem erlaubt war, hinter die Leinwand zu schauen.

Die zweite Regel besagte, dass niemand den Raum verlassen durfte, bevor sein Unterricht beendet war. Eines Tages wurde jedoch die zweite Regel von einem seiner Schüler gebrochen. Bei diesem Schüler handelte es sich um einen kleinen Jungen, der so dringend auf die Toilette musste, dass er nicht mehr stillhalten konnte und in seiner Verzweiflung den Raum verlassen hatte. In diesem Moment wurden auch die anderen Schüler unruhig und fragten sich, wer der große Meister hinter dem Schleier war, der seine Lehren so gut vermitteln konnte, ohne dabei auch nur ein Wort zu sagen. Sie hatten keine Hemmungen mehr, nun auch die erste seiner Regeln zu brechen, nachdem einer der Schüler bereits den Raum verlassen hatte.

Seine Studenten hatten sich also dazu entschlossen, einen Blick hinter die Leinwand zu werfen, um das Gesicht ihres Lehrers zu enthüllen. In dem Augenblick, als einer der Studenten den ersten Schritt wagte und es hinter die Leinwand geschafft hatte, sprach Patanjali einen Fluch aus und verwandelte jeden einzelnen Menschen im Raum zu Asche. Als der kleine Junge, der den Raum verlassen hatte, zurückkam, stellte auch er fest, dass alle anderen Schüler zu Asche verbrannt waren. Voller Angst bat er seinen weisen Lehrer Patanjali um Vergebung und Verschonung dafür, dass er die zweite seiner Regeln gebrochen hatte. Patanjali entschied sich, dem Jungen zu vergeben und erwählte ihn aus, der einzige Schüler zu sein, dem er sein Wissen lehren würde. Dennoch ließ er ihn nicht ganz ungestraft davonkommen und verfluchte ihn dazu, ein Geist zu werden und so lange in einem Baum zu verweilen, bis er jemanden findet, an den er nun all sein Wissen weitergeben kann.

Jahrelang verweilte der kleine Geist in dem Baum, weil niemand sich für ihn und die Lehre über die Gabe des Yogas interessierte. Nach einiger Zeit hatte Patanjali Erbarmen mit dem Jungen und entschied sich dazu, selbst zu seinem Schüler zu werden. Der Geist saß also oben auf dem Baum und rezitierte Patanjalis Sutras, während Patanjali selbst diese auf Palmblätter übertrug. Nachdem er jeden einzelnen Vers niedergeschrieben hatte, legten sich die beiden zur Ruhe und bemerkten nicht, dass eine Ziege sich über die Palmblätter hermachte und die Hälfte von ihnen verschlungen hatte.

Ganz unabhängig davon, welche dieser Geschichten nun der Wahrheit entspricht und wer Patanjali wirklich war, besteht kein Zweifel daran, dass er die Geschichte des Yogas prägte und wir noch heute von seiner Praxis profitieren können, wenn wir uns mit dem Yoga-Sutra vertraut machen. Denn wie auch viele Menschen in der heutigen Zeit stellte sich Patanjali die alles entscheidenden Fragen:

„Warum bin ich hier? Was ist der Sinn des Lebens?".

Diese Fragen beschäftigten und beunruhigten ihn zugleich, weshalb er sich auf die Suche nach Antworten machte. Er wurde zu einem Jignasu – einem Verfolger der Wahrheit. Ein Sucher, der den Weg des Wissens, Lernens und Verstehens des spirituellen Lebens eingeschlagen hatte. Er trainierte sich selbst in jeder Hinsicht und an jedem einzelnen Tag. Er begann, das Geheimnis des Lebens zu verstehen. All die Erfahrungen, die er machte, und all das Wissen, das er in seinem Yoga Sutra Schritt für Schritt niedergeschrieben hat, ist auch heute noch relevant, denn während sich zwar die physischen Verhältnisse der Menschen in den letzten Jahrhunderten drastisch verändert haben, sind die emotionalen menschlichen Erfahrungen gleichermaßen existent. Wir erleben nach wie vor Leid und Frustration als Ergebnis unserer Gedanken und Handlungen.

Wir haben nach wie vor das Ziel, unseren Geist zu beruhigen und unsere Gedanken positiv zu transformieren. Die Suche nach dem Sinn des Lebens, nach

Liebe, Glück und Zufriedenheit, ist auch in der heutigen Zeit noch ein großer Bestandteil des Lebens vieler Menschen und erfordert Geduld, Übung und vor allem eines – Bewusstsein.

All das und noch viel mehr lehrte Patanjali schon zu seiner Zeit und verewigte sein Wissen in seinem Yoga-Sutra, das auch in der modernen Yoga-Lehre noch von großer Bedeutung sind.

Das Yogasutra

Ganz kurz gesagt soll das Yoga-Sutra als eine Art Leitfaden für die Wandlung des Geistes dienen, um die höchste Konzentrations- und Bewusstseinsebene zu erreichen. Dieser Weg soll zu einer klareren Wahrnehmung und der Fähigkeit führen, das eigene Selbst zu erkennen und sich von jeglichem Leid zu befreien.

Während die Fakten über den Verfasser Patanjali überwiegend reine Spekulation sind, begleitet uns das Yoga-Sutra mit seinen Lektionen noch bis in die heutige Zeit. Das Wort Sutra stammt aus dem Sanskrit und bedeutet so viel wie „Faden" oder „Kette". Das verdeutlicht auch, dass zwar jedes einzelne Sutra auf seine eigene Art und Weise reich an Bedeutung und Tiefe ist, am Ende jedoch alle miteinander zusammenhängen und sich zu dem besagten Leitfaden zusammenschließen. Ein Sutra ist im Prinzip nichts anderes als ein kurzer, aussagekräftiger Vers. Und obwohl jeder dieser Verse aus nur wenigen Worten besteht, ist er von hoher Bedeutung.

Selbst erfahrene Schüler des Yogas können auch nach jahrelanger und konsequenter Praxis immer wieder neue Erkenntnisse aus jedem Sutra erlangen. Jedes Wort in jedem Vers wurde sorgfältig ausgewählt und hat eine ganz präzise Bedeutung, weshalb sie bestenfalls von jemandem gelehrt werden sollten, der den gesamten Weg bereits gegangen ist – von jemandem, der Ihnen dabei helfen kann, die Komplexität jedes Sutras zu verstehen, um diese auch in Ihrem eigenen Leben anwenden zu können.

Ein Yogi, der die vollständige Verwirklichung erreicht hat, kann die Sutras wundervoll und auf eine ganz einfache und verständliche Weise erklären, denn obwohl es mittlerweile viele Übersetzungen des Yoga-Sutras gibt, sind die meisten Interpretationen nach wie vor sehr komplex und für viele Leser und Praktizierende schwer zu verstehen. Insgesamt gibt es 196 Sutras. Jedes von ihnen bietet uns die Möglichkeit, unsere wahre Natur zu erkennen.

Diese 196 einzeiligen Verse sind in vier verschiedene Kapitel unterteilt, welche sich mit dem Unterschied zwischen unserem Verstand und unserem Bewusstsein, den unterschiedlichen Stadien der Erleuchtung, den acht Gliedern des Yogas und der außerordentlichen Kraft der Meditation befassen. Im Wesentlichen geht es aber darum, die ganz großen und essenziellen Fragen unserer Existenz zu beantworten, die sich Menschen schon seit mehreren Jahrhunderten stellen – *„Was ist der wahre Sinn des Lebens? Was ist mein ganz persönlicher Lebenszweck?"*. Und auch heute stehen diese Fragen für viele von uns noch im Raum.

Das ist mit Sicherheit auch einer der Gründe dafür, dass die Sutras nach wie vor ein wichtiger Bestandteil in jeder Yogalehrerausbildung sind. Denn sowohl damals als auch heute ist Yoga der Weg zur Befreiung von Leid. Nicht nur heute sind die Menschen Ängsten und Stress ausgesetzt, auch die, die schon vor Jahrtausenden Yoga praktizierten, hatten mit den verschiedenen Bewusstseinszuständen und Gedankenströmen zu kämpfen. Die Sutras sprechen genau das an, indem sie uns lehren, wie wir uns jenseits unseres Verstandes bewegen und einen Ort des Friedens und der Gelassenheit erreichen können, der völlig frei von all den Zwängen unserer Gedanken ist.

Bevor wir nun jedoch detaillierter auf die 4 Kapitel und die 196 Verse des Yoga-Sutra eingehen, befassen wir uns mit den acht Gliedern des Yogas.

Yoga als achtgliedriger Weg

In seinem Yoga-Sutra beschreibt Patanjali den Weg zur Befreiung und die Erleuchtung als einen Weg mit insgesamt acht Gliedern, weshalb das von ihm gelehrte Yoga auch Ashtanha-Yoga genannt wird. Der Begriff stammt aus dem Sanskrit und setzt sich zusammen aus den Wörtern „Ash“, was übersetzt „Acht“ bedeutet, und „Tanga“, was für den zweiten Teil, also das „Glied“, steht.

Die acht Glieder des Yogas sind also im Grunde genommen nichts anderes als acht verschiedene vorbereitende Stufen oder Schritte auf dem Weg zur Verwirklichung. Dabei befassen sich die ersten fünf Glieder mit äußeren Praktiken und Gewohnheiten, während die letzten drei sich auf die inneren Methoden beschränken. Patanjali definiert Yoga im Allgemeinen mit den Worten „Chitta Vritti Nirodha – Yoga ist das Zur-Ruhe-Bringen der Gedankenwellen des Geistes oder die Kontrolle über die Unruhe des Geistes.

Unser Verstand gleicht einem Strom aus Gedanken, der ständig wandert. Es geht in erster Linie darum, sich über die Unruhe dieses Stroms bewusst zu werden, bevor Sie damit beginnen können, diesen zu kontrollieren und am Ende dann auch den Zustand der vollkommenen Zufriedenheit zu erreichen. Laut Patanjali erfordert es eben diese besagten acht Schritte, um an diesen Punkt zu gelangen.

1. Der erste dieser Schritte ist **Yama**. Yama bedeutet wörtlich übersetzt „Kontrolle" oder „Disziplin". Es geht darum, sich in gewisser Hinsicht zu disziplinieren und sich an Regeln zu halten. Vielleicht mag das erst einmal etwas befremdlich klingen, weil Kontrolle und Disziplin nicht unbedingt im direkten Zusammenhang mit der eigentlich angestrebten Freiheit stehen. Man könnte aber viel eher sagen, dass es dabei um Grundregeln geht, an die sich jeder Mensch schon allein durch seinen gesunden Menschenverstand halten sollte. Das erste der acht Glieder umfasst insgesamt fünf Yamas, also fünf Disziplinen, die es einzuhalten gilt. **Ahimsa** steht für Gewaltlosigkeit, **Asteya** bedeutet

Nicht-Stehlen, **Satya** ist Wahrhaftigkeit, **Brahmacharya** ist die Disziplin der Enthaltsamkeit und **Aparigraha** heißt, nur das anzunehmen, was man wirklich braucht oder das Verlangen nach mehr Besitz zu stillen. All diese Faktoren tragen zu einer friedlichen und sozialen Gesellschaft bei.

2. Auch die ebenfalls fünf **Niyamas** tragen etwas zur persönlichen Verhaltensweise bei. **Saucha** steht für Reinheit. Reinheit bezieht sich dabei nicht nur auf die körperliche Hygiene, sondern auch auf die Reinheit des Geistes, frei von negativen und schlechten Gedanken. Des Weiteren gehören dazu **Santosa**, also Zufriedenheit, **Tapas** – Selbstdisziplin, **Swadhaya** – Selbststudium und **Ishvara Pranidhana** – zum einen die Hingabe zu Gott, sofern man an ihn glaubt, und zum anderen die vollkommene Akzeptanz jeder Lebenssituation.

3. Das dritte Glied des Ashtanga Yogas ist **Asana**. Asana umfasst im Allgemeinen die körperlichen Übungen und Bewegungen des Yogas. Der Begriff Asana bedeutet wörtlich übersetzt jedoch ganz einfach „Sitz". Ursprünglich war die einzige Haltung im Yoga ein bequemer Sitz, der während der Meditation eingenommen wurde, um Ruhe zu finden und den Körper vollständig auf den Geist zu lenken. Asana beschreibt aber im Grunde genommen und umfassend das Praktizieren von verschiedenen Körperhaltungen. Die Asa-

na-Praxis zeigt, dass ein gesunder Körper und ein gesunder Verstand Hand in Hand miteinander gehen. Ist der Körper nicht gesund und in seiner Bewegungsfreiheit eingeschränkt, wird es Ihnen infolgedessen auch schwerer fallen, sich vollständig auf Ihr Inneres zu konzentrieren und zu meditieren. Der Körper funktioniert also nur als Einheit mit dem Verstand und umgekehrt.

4. **Pranayama** ist der vierte Schritt im Ashtanga Yoga. Pranayama ist die Regulierung und Kontrolle der Atmung. Die Kontrolle über die Atmung ist eng mit der Beobachtung des Geisteszustandes verbunden. Wenn Sie es also durch konsequente Übung schaffen können, Ihren Atem zu kontrollieren, kann Ihnen das im Umkehrschluss auch mit Ihren Gedanken gelingen. Pranayama verleiht dem Geist die benötigte Stabilität und Ruhe, um mehr Bewusstsein zu erlangen. Doch eine kontrollierte Atmung hat nicht nur positive Auswirkungen auf das Bewusstsein über Ihren Gedankenstrom, sondern vor allem auf das Wohlbefinden des physischen Körpers. Weder ein aufgeregter Geist noch ein aufgeregter Körper wirken sich positiv auf einen meditativen Zustand aus. Pranayama führt Sie automatisch zum nächsten Schritt.

5. **Pratyahara** führt die Aufmerksamkeit des Geistes nach innen und bereitet ihn auf den bevorstehenden meditativen Zustand vor. Im Pratyahara wird

der Geist zwar von allen Sinnen und äußeren Objekten gelöst, bleibt sich jedoch über all die inneren Prozesse bewusst. Es könnte fast als ein Zustand beschrieben werden, in dem der Verstand sich seiner inneren Realität annähert und frei von jeglichen äußeren Ablenkungen ist.

6. **Dharana** ist das sechste von acht Gliedern im Ashtanga Yoga. Bei Dharana geht es um Konzentration. Es geht darum, das Bewusstsein auf einen bestimmten Punkt oder ein bestimmtes Objekt zu lenken. Dieses Objekt kann etwas in Ihrem Inneren, wie ein Teil Ihres Körpers oder ein Chakra, sein, aber auch etwas in Ihrer äußeren Umgebung, wie ein Bild, eine Kerze oder ein anderer bestimmter Gegenstand. Letztendlich spielt es keine große Rolle, um welches Objekt es sich dabei handelt, denn der Zweck ist es, den Geist durch das Bewusstsein und die Konzentration zur Ruhe zu bringen. Wenn Sie sich auf diese Weise konzentrieren, bleibt weniger Raum für andere, vielleicht unerwünschte Gedanken und Erinnerungen. Dharana ist ein sehr wichtiger Schritt auf dem Weg zum nächsten Glied – Dhyana. Sie müssen in der Lage sein, Ihren Verstand zu fokussieren, bevor Sie mit Dhyana beginnen können.

7. **Dhyana** ist das siebte Glied des Ashtanga Yoga. Das Wort Dhyana kommt aus dem Sanskrit und leitet sich von „Dhyai“ ab, was wörtlich übersetzt „denken“

bedeutet. Dhyana baut auf den vorherigen Schritten Asana, der Körperhaltung, Pranyama, der Kontrolle der Atmung, und Pratyahara, der Kontrolle über die Sinne und der Fähigkeit, den Fokus nach innen zu lenken, auf. Dhyana beinhaltet die Konzentration und Meditation auf einen bestimmten Punkt, mit der Absicht, die Wahrheit darüber zu erfahren. Diese tiefere und kontinuierliche Konzentration des Geistes ist der Schlüssel zu Ihrer Selbsterkenntnis. Dieser Schlüssel öffnet Ihnen die Tür zur Erkenntnis, die Illusion von der Realität zu trennen und das ultimative Ziel des Yogas zu erreichen – Samadhi.

8. **Samadhi** ist der achte und letzte Schritt auf dem achtgliedrigen Weg des Yogas nach Patanjali. Samadhi ist die höchste Stufe der Meditation und in gewisser Weise auch das oberste Ziel des Yogas. Dieser Zustand geht weit über das eigene Bewusstsein hinaus und verbindet Sie mit etwas viel Größerem – dem universellen Bewusstsein. Es ist ein Bewusstseinszustand, in dem sich das individuelle Bewusstsein in das große Ganze auflöst. Ein direkter Weg zu neuen Erkenntnissen, Ihrer persönlichen Verwirklichung und der Befreiung vom Ego. Samadhi ist weder ein dauerhafter Zustand noch wird er Ihnen rein zufällig begegnen. Es erfordert Übung, Engagement und den Willen, den Verstand zu trainieren und Ihr eigenes Selbst zu erforschen. Samadhi ist die Erleuchtung. Das Verlangen nach materiellem Besitz verliert an Bedeutung und Sie werden erkennen, dass alles und jeder auf der Welt miteinander verbunden ist – frei von Urteilen und dem Drang, sich mit anderen Menschen zu vergleichen. Theoretisch kann jeder Moment in Ihrem alltäglichen Leben eine Gelegenheit sein, Samadhi zu üben und in die Praxis umzusetzen. Versuchen Sie, in jedem Augenblick präsent zu sein, und spüren Sie die Liebe zu sich selbst und zu anderen.

Die acht Glieder des Ashtanga Yogas nach Patanjali bauen zwar aufeinander auf und unterstützen sich gegenseitig, sind jedoch nicht zwangsläufig in dieser Reihenfolge einzuhalten. Sie können zum Beispiel mit dem Üben von Pranayama, also mit der Kontrolle Ihrer Atmung, beginnen, bevor Sie sich körperlich auf Ihrer Yogamatte betätigen.

Dennoch sollten Sie bedacht sein, jedem der acht Schritte zu folgen, um sich in allen Hinsichten weiterzuentwickeln und ein Gleichgewicht zu erreichen. Patanjali hat mit dem Yoga-Sutra und seinem gesamten Inhalt das benötigte Wissen für jeden zur Verfügung gestellt, der bereit ist, diesen Weg zu gehen, und der sich selbst verwirklichen möchte. Wie können Sie jedoch all das in Ihr alltägliches Leben integrieren? Diese Frage haben Sie sich mit Sicherheit schon gestellt, während Sie jeden der acht Schritte aufmerksam verfolgt haben.

Der erste Schritt ist das Verständnis darüber, dass Yoga viel mehr ist als nur die tägliche Praxis auf Ihrer Yogamatte. Es ist wichtig, zu verstehen, dass Sie sich nie ausgeglichen fühlen werden, wenn Sie zwar täglich Asana praktizieren, sich jedoch weiterhin in negativen Gedankenmustern verlieren. Der Körper wird ohne die Unterstützung des Verstandes niemals seinen bestmöglichen Seinszustand erreichen und das Gleiche gilt auch umgekehrt. Patanjali ermutigt uns durch seine Lehre, einen Platz in der Yoga-Praxis zu finden, der mit Leichtigkeit und sowohl mit körperlichem als auch mit seelischem Wohlbefinden gefüllt ist. Wenn Sie bereits einen Yoga-Kurs besucht haben, erkennen Sie möglicherweise jetzt, dass dieser Kurs nicht den gesamten Bereich der eigentlichen Yogalehre abgedeckt hat. Natürlich ist es nicht möglich, die gesamte Lehre und Erfahrung in nur einer einzigen Stunde zu vermitteln, jedoch konzentrieren sich die meisten Kurse größtenteils auf Asana und Pranayama, obwohl diese nur einen kleinen Teil der gesamten Yoga-Philosophie ausmachen.

Im Grunde genommen geht es doch um ein gesundes und erfülltes Leben auf allen Ebenen – körperlich, geistig und sozial, bis hin zu spiritueller Verwirklichung. Der alles entscheidende Schritt, der Ihnen ermöglicht, die acht Glieder des Ashtanga Yogas in Ihren Alltag zu integrieren, ist das Bewusstsein über den gegenwärtigen Moment, das Leben im Hier und Jetzt. Die Yoga-Praxis wird Ihnen dabei helfen, eine Frage auf die Antwort zu finden, was den gegenwärtigen Moment eigentlich definiert und wie Sie Ihre Aufmerksamkeit darin verankern können. Das wird Ihnen jedoch weder über Nacht gelingen noch wird es ein dauerhafter Zustand sein.

Vollkommenes Bewusstsein ist etwas, das Sie Ihr ganzes Leben lang üben und womöglich trotzdem nur wenige Male wahrnehmen werden. Eine tägliche Meditationspraxis wird Ihnen ermöglichen, Achtsamkeit zu trainieren und diese auch auf weitere Lebensbereiche anzuwenden. Es ist ein langer Weg, der viel Einsatz erfordert, Ihnen aber viel mehr zurückgibt, als Sie es sich jemals hätten vorstellen können.

Patanjalis Lehre im Detail

Worum geht es also wirklich in Patanjalis Lehren? Wir wissen bereits, dass er auf der Suche nach Antworten auf die Fragen war, die sich jeder von uns schon mindestens einmal gestellt hat: die Fragen nach dem Sinn des Lebens und den Geheimnissen, die diesem zugrunde liegen. Und auch wenn er diese Frage in seinem Yoga-Sutra nicht vollständig beantwortet, ist die Kernaussage eindeutig und vor allem übertragbar auf das Leben in der heutigen Zeit.

Es geht nach wie vor darum, im Hier und Jetzt anwesend zu sein und darum, die ständigen Gedankenwellen und Schwankungen des Verstandes zu meistern. Eine Fähigkeit, die nur die wenigsten beherrschen und definitiv ein weit verbreitetes Problem in der heutigen Gesellschaft. Patanjalis Sutras erklären die wahre Natur des Verstandes sowie die verschiedenen Bewusstseinszustände und wie diese unser ganzes Leben beeinflussen. Jeder Mensch identifiziert sich automatisch mit dem, was er denkt, was er erlebt hat, und mit den daraus resultierenden Überzeugungen, die sich im Laufe seines Lebens entwickelt haben.

Somit ist also der Grundgedanke des Yoga-Sutras, die Erkenntnis darüber zu erlangen, dass sich hinter dem, was der Mensch glaubt, zu sein, etwas viel Tiefgründigeres befindet. Wir sind viel mehr als nur unsere Gedanken und Erfahrungen. Wir sind etwas viel Größeres. Der Mensch entwickelt sich ständig und in jeder Hinsicht. Wir leben in einem Zeitalter, in dem unsere Technologie ein Maß an Grandiosität erreicht hat, Menschen den Weltraum erforschen und die Tiefen des Ozeans ergründet haben. Die Wissenschaft erforscht den menschlichen Körper und Geist und geht dessen Geheimnissen auf den Grund.

Und trotz all dieser Fortschritte und Möglichkeiten sind wir immer noch völlig desorientiert in Bezug auf unser eigenes Wesen und den wahren Sinn des Lebens. Nach wie vor fühlen wir uns einsam und jeder Tag wird von sämtlichen Ängsten und Sorgen bestimmt, die wir in den meisten Fällen nicht einmal benennen können. Doch was unterscheidet den Menschen letztendlich von allen anderen Lebewesen auf unserem Planeten? Es sind nicht die wissenschaftlichen oder künstlerischen Fähigkeiten und es sind auch nicht die Funktionen des Körpers, die diesen Unterschied ausmachen. Es ist die Kontrolle über sich selbst, die Kontrolle über Gedanken, Emotionen und Gefühle, über sein Handeln und den Umgang mit den Konsequenzen. Immer mehr Menschen gewinnen die Erkenntnis darüber, dass sie weitaus mehr sind als ihre Gedanken, mehr als nur der physische Körper, Emotionen und Erinnerungen. Höchstwahrscheinlich ist genau diese Tatsache der Grund dafür, dass ein Großteil der Menschen immer mehr über Yoga erfahren möchte.

Vielleicht haben auch Sie sich in gewissem Maße schon einmal schwach und verzweifelt gefühlt. Ihnen fehlen die Kraft und die Energie, all Ihre Aufgaben im Leben zu meistern. Sie haben vergessen, wie es sich anfühlt, glücklich und erfüllt zu sein. Patanjali sagt, dass tief in unserem Inneren unendliche Schätze verborgen liegen, die wir ergründen müssen. Doch stattdessen konzentrieren wir uns auf die Schattenseiten des Lebens. Wir identifizieren uns mit materiellem Besitz und der Höhe unseres Vermögens und vergessen dabei völlig, dass die wahren Reichtümer in uns selbst stecken.

Eines der Ziele des Yogas nach Patanjali ist es, diese inneren Kräfte zu entfalten und sich bewusst darüber zu werden, dass es nichts gibt, was wir nicht erreichen können. Menschen sind unglücklich, weil sie nicht dazu in der Lage sind, die wahre Realität zu erkennen und innere Ruhe zu bewahren. Die innere Ruhe des Verstandes zu bewahren ist wahres Yoga. Yoga fordert Sie dennoch nicht dazu auf, vor der Welt wegzulaufen oder sich in der Stille Ihrer Meditation zurückzuziehen.

Yoga soll ein Bestanteil Ihrer Welt sein, jedoch sollen Sie sich nicht in dieser Welt verlieren. Wenn Sie damit beginnen, die Tiefen Ihres Selbst zu erkunden, werden Sie einen Punkt erreichen, an dem Sie mit der wahren Realität des Lebens in Berührung kommen. Dies ist in gewisser Weise auch die Bedeutung des praktischen Teils des Yogas. Der Weg in die Tiefen des inneren Selbst. Diese Tiefen können durch die regelmäßige Praxis von Meditation und Konzentration erreicht werden. Patanjali gibt uns diesen Weg vor und lehrt, dass wir durch diese beiden Praktiken zu erweitertem Bewusstsein gelangen und somit auch unseren Verstand zur Ruhe bringen können.

Unsere Gedanken sind überall zerstreut, ohne dass wir uns darüber bewusst sind. In einem Moment ist Ihr Verstand vielleicht bei Ihren alltäglichen Aufgaben, im nächsten Moment bei Ihren Erinnerungen an eine bereits vergangene Situation, die Sie verärgert hat. Mit anderen Worten: Ihr Verstand ist zu jeder Zeit an einem anderen Ort. Denken Sie darüber nach, welche enorme Kraft Ihre Gedanken an vergangene Erlebnisse oder Eventualitäten in der Zukunft haben können. Mit der Konzentration und dem Fokus auf ein bestimmtes Objekt, das sich auf Ihr Inneres beschränkt, können Sie diese enorme Kraft für statt gegen sich nutzen. Ohne Konzentration kann es kein Yoga geben – selbst die geringste Ablenkung, die kleinste Unterbrechung Ihrer Konzentration, kann die Sicht auf Ihre wahre innere Realität verschleiern.

Die Unruhe des Geistes ist also eines der grundlegenden Probleme, auf die Patanjali in seinen Lehren aufmerksam macht. Er lehrt, dass es eine Notwendigkeit ist, das Verlangen nach materiellem Besitz und Reichtum loszulassen, da dieses Verlangen und die Praxis des Yogas sich widersprechen und somit nicht miteinander zu vereinen sind. Es muss ein Zustand erreicht werden, in dem der Verstand frei von Urteil ist, frei von Vorlieben und Abneigungen. Erst wenn diese Stufe erreicht ist, kann der geistige und übersinnliche Fortschritt wirklich beginnen.

Diesen Fortschritt hält Patanjali in vier Kapiteln und insgesamt 196 Versen fest. Und auch wenn das Yoga-Sutra, wie bereits erwähnt, sehr komplex und nicht ganz leicht zu verstehen ist, haben wir im folgenden Abschnitt versucht, die Verse und Erklärungen dazu so verständlich und alltagsnah wie möglich zu verfassen.

KAPITEL I

SAMADHI PADA - Erleuchtung

Samadhi Pada. Das erste der vier Kapitel des Yoga-Sutras handelt von Erleuchtung. Es geht im Wesentlichen um Konzentration und Meditation. Es beinhaltet 51 der insgesamt 196 Verse, die sich auf den Prozess oder den Weg zur Ganzheit fokussieren. Das Kapitel beginnt mit einer Definition von Yoga als ein Zustand, der erreicht wird, wenn der Geist zur Ruhe kommt. Es befasst sich mit der detaillierteren Definition der Gedankenwellen und erklärt, dass die Ganzheit beziehungsweise die Einheit mit dem höheren Selbst nur dann entstehen kann, wenn der Geist frei von jeglichem Ego-Gefühl ist.

Samadhi Pada ist das Kapitel der Aufklärung und deshalb auch die wichtigste Quelle für die Grundlagen des Yogas. Es geht außerdem um die verschiedenen Bewusstseinszustände des Verstandes, die Wichtigkeit des ständigen Übens und die Auflösung des Verlangens nach materiellem Besitz.

1. atha yogānuśāsanam

„Yoga ist hier und jetzt. Eine Einführung in das Lernen und Üben von Yoga"

Das erste Sutra befasst sich schon mit einer der Kernaussagen des gesamten Buches und dem Sinn hinter Patanjalis Lehren. Es geht um das Hier und Jetzt. Der alles entscheidende Ort ist der gegenwärtige Moment. Das Lernen und Üben von Yoga sind nur dann vollständig möglich, wenn wir uns von den Gedanken an unsere Vergangenheit und Zukunft lösen und uns auf das Jetzt fokussieren. Oft sind eben diesen Gedanken der Grund für Unzufriedenheit oder Sorgen und Ängste. Wenn Sie jedoch im jetzigen Moment einen Blick auf Ihr Leben werfen, werden Sie feststellen, dass Sie rein gar nichts zu befürchten haben. Das erste Sutra gilt ebenfalls als Einleitung, mit der Patanjali den Leser beziehungsweise seine Schüler auf die Lehre über die Übung und Erklärung des Yogas vorbereitet.

2. yogaḥ cittavṛtti nirodhaḥ

„Yoga ist das Bewusstsein über die Unruhe des Geistes"

In erster Linie gilt es, zu erkennen, dass dieser wilde Strom aus unzähligen Gedanken überhaupt existiert, sich bewusst darüber zu werden, dass die Wahrnehmung der eigenen Welt verzerrt ist. Wenn Sie sich in einer Situation befinden, in der Sie sich gestresst fühlen, müssen Sie erkennen, dass Sie ganz allein für diesen Stress verantwortlich sind. Es ist nie Ihre Außenwelt, die sich verändert, sondern einzig und allein Ihre Einstellung dazu. All das, was Sie für wahr halten, ist von Ihrer eigenen Denkweise abhängig. Die Welt so wahrzunehmen, wie sie tatsächlich ist, ist der Zustand, den Patanjali als Yoga bezeichnet.

3. tadā draṣṭuḥ svarūpe avasthānam

„Dann kann reines Bewusstsein in seiner ursprünglichen Natur verbleiben"

Beim Yoga geht es darum, unser wahres Selbst, unsere wahre Natur zu erfahren. Man könnte es auch mit anderen Worten beschreiben und sagen, dass Sie zu einem Objekt Ihrer eigenen Wahrnehmung werden. Sie werden sich bewusst über Ihre Gedankengänge, indem Sie zum Beobachter Ihres eigenen Verstandes werden. Missverständnisse und verzerrte Wahrnehmungen werden aufgeklärt und Sie werden eine klare Sicht auf all das haben, was Ihrer wahren Natur und der wahren Realität entspricht.

4. vṛtti sārūpyam itaratra

„Andernfalls identifiziert sich der Mensch mit seinen Gedanken und Erfahrungen"

Jeder von uns ist in seinen falschen Vorstellungen gefangen und nur die wenigsten können erkennen, dass all das, was existiert, einzig und allein auf dem basiert, was wir für wahr halten. Es ist die wohl größte Herausforderung, sich von den Überzeugungen zu befreien, die unser gesamtes Bewusstsein prägen. Diese Überzeugungen entstehen durch all unsere Gedanken, Emotionen und Erfahrungen, die wir machen oder bereits in der Vergangenheit gemacht haben. Yoga eröffnet den Weg zu einer klaren Wahrnehmung.

5. vṛttayaḥ pañcatayyaḥ kliṣṭā akliṣṭāḥ
„Es existieren fünf unterschiedliche Bewusstseinszustände, sowohl schmerzhafte als auch nicht schmerzhafte"

6. pramāṇa viparyaya vikalpa nidrā smṛtayaḥ
„Diese fünf sind: richtige Wahrnehmung, falsche Wahrnehmung, Vorstellungskraft, tiefer Schlaf und Erinnerungen"

Es handelt sich um die fünf verschiedenen Bewegungen des Geistes, die sogenannten Vrittis. Vrittis sind die Geisteswellen, die es zur Ruhe zu bringen gilt. Die Herausforderung eines Yoga-Praktizierenden besteht darin, all diese Zustände zu erkennen, diese zu beobachten, sich aber nicht mit ihnen zu identifizieren. Als außenstehender Beobachter geht es in erster Linie darum, zu erkennen, wann und warum bestimmte Gedanken überhaupt entstehen, ohne diese jedoch zu bewerten. Einige Gedanken sind mit Emotionen verbunden, die sich aus vergangenen Erinnerungen ergeben. Wenn Sie feststellen, dass Wut oder Frustration in Ihnen aufsteigt, müssen Sie lernen, diese Gemütszustände kommen und gehen zu lassen, ohne sich damit zu identifizieren oder sich vollkommen von diesen einnehmen zu lassen. Jeder dieser Zustände ist in der menschlichen Existenz völlig natürlich, weshalb er frei von jedem Urteil sein sollte. Sie geben Ihnen lediglich die Möglichkeit, Ihr Bewusstsein zu erweitern, um dem großen Ziel der Erleuchtung näher zu kommen.

7. pratyakṣa anumāna āgamāḥ pramāṇāni

„Die verschiedenen Arten der richtigen Wahrnehmung entstehen durch direkte Beobachtung, Schlussfolgerungen oder den Einfluss durch die Worte anderer"

Der Verstand ist ständig auf der Suche nach der richtigen Wahrnehmung, nach dem richtigen Wissen – Pramana. Wir halten uns an falschen Vorstellungen oder Vorurteilen fest, die letztendlich unsere Unwissenheit nur verstärken und dafür sorgen, dass wir uns weiterhin mit all unseren Bewusstseinszuständen identifizieren. Um die richtige Wahrnehmung zu erkennen, sucht der Verstand auf ganz unterschiedliche Arten nach Beweisen. Zum einen über die direkte Wahrnehmung, also etwas, das für Sie oder für uns offensichtlich ist, etwas, das mit den eigenen Augen gesehen oder mit einem Ihrer anderen Sinne wahrgenommen und identifiziert werden kann. Auch über Schlussfolgerungen sucht der Verstand nach Beweisen. Bei diesen Schlussfolgerungen geht es um etwas, das zwar nicht offensichtlich ist, aber erahnt werden kann. Sie sehen zum Beispiel eine Brieftasche auf dem Boden liegen und schließen daraus, dass jemand diese verloren hat, obwohl Sie nicht direkt gesehen haben, dass diese Situation tatsächlich so passiert ist. Die dritte Art, die richtige Wahrnehmung zu belegen, ist durch die Autorität eines Lehrers oder jemanden, der vermeintlich als Wissender gilt. Wir vertrauen gerne auf die Worte anderer, die uns ihr Wissen vermitteln. Wir glauben daran, dass ein Lehrer weiß, wovon er spricht. Ein Beweis ist in gewisser Weise immer mit Logik verbunden, doch auch Logik hat ihre Grenzen. Alles, was bewiesen werden kann, kann auch widerlegt werden. So ist es auch mit dem Bewusstsein. Auch das höhere Selbst ist jenseits dieses Beweises. Es kann gefühlt, jedoch von niemandem belegt werden.

8. viparyayah mithya jnanam atad rupa pratistham

„Fehlwahrnehmungen sind falsches Wissen und basieren nicht auf dem, was tatsächlich ist.“

Fehlwahrnehmungen sind im Grunde genommen nichts anderes als die Wahrnehmung von etwas, das nicht existiert. Es ist schlicht und ergreifend ein Irrtum. Dieser Geisteszustand nennt sich Viparyaya. Der Begriff bezieht sich auf falsches Wissen, das aus falschen Gedanken oder Wahrnehmungen entsteht und zu negativen Einstellungen wie Egoismus und Ignoranz oder zu Gefühlen wie Hass und Angst führen kann. Dieses falsche Denken kann durch die Entwicklung von Konzentration und mehr Bewusstsein korrigiert werden. Dazu zählt auch die Steigerung des eigenen Selbstwertgefühls. Ein gutes Beispiel für Viparyaya ist auch die Art und Weise, wie Sie sich selbst wahrnehmen und mit sich selbst umgehen. Wenn Sie nicht genug Respekt für sich selbst aufbringen, gehen Sie automatisch davon aus, dass Sie von Ihren Mitmenschen nicht respektiert werden. Bevor Sie also etwas glauben, was Ihr Verstand Ihnen sagt, versuchen Sie, diese Gedanken durch Konzentration und bewusste Beobachtung anzuhalten – wenn auch nur für einen kurzen Augenblick.

9. śabdajñāna anupātī vastuśūnyaḥ vikalpaḥ

„Vorstellungen beruhen auf sprachlichem Wissen und nicht auf einer konkreten, realen Grundlage und dem, was in der realen Welt tatsächlich existiert"

Der dritte Bewusstseinszustand des Geistes ist Vikalpa. Vikalpa ist unsere Vorstellungskraft, Fantasie oder nur eine Illusion. All Ihre Gedanken an Situationen aus der Vergangenheit, in der Zukunft oder Tagträume entstehen lediglich in Ihrer Vorstellung und sind nicht existent. Sie existieren zwar in Ihrer Fantasie, jedoch nicht in der Realität. Manche Gedanken an mögliche Ereignisse in der Zukunft lösen negative Emotionen in uns aus, bereiten uns Sorgen oder lassen unbegründete Ängste entstehen, obwohl sie bislang überhaupt nicht stattgefunden haben. Wir kreieren etwas in unserem Verstand, das uns daran hindert, im gegenwärtigen Moment zu leben. Auch wenn kontrollierte Vorstellungskraft in Form von Visualisierungen in gewissem Maße für Ihr alltägliches Leben und für das Kreieren Ihrer eigenen Realität von Vorteil sein kann, ist Vikalpa rein zufällig und unkontrolliert. Die Macht Ihrer Vorstellungskraft ist enorm und kann Sie so sehr vereinnahmen, dass Sie sich völlig in Ihrer Vergangenheit oder in den Gedanken an Ihre Zukunft verlieren. Yoga lehrt uns, im jetzigen Augenblick zu leben und sich nicht mit vergangenen Erlebnissen und der potenziellen Zukunft zu identifizieren. Diese Worte, diese Kommentare in Ihrem Verstand haben keinen Wert.

10. abhāva pratyaya ālambanā vṛttiḥ nidrā

„Tiefschlaf ist ein Zustand, der auf der Wahrnehmung beruht, dass nichts existiert“

Nidra ist der vierte Bewusstseinszustand und beschreibt die Ebene des (Tief-)Schlafs. In diesem Zustand ist der Geist frei von sämtlichen Inhalten. Mit anderen Worten: Es ist ein traumloser Schlaf. In diesem Zustand gibt es keine Gedanken. Es gibt weder eine richtige noch eine falsche Wahrnehmung oder Vorstellungskraft. In einer Phase des Tiefschlafs kommen die Vrittis zwar zur Ruhe, jedoch sind sie bei Bewusstsein. Im Yoga ist die Yoga-Nidra eine Art Meditationspraxis, die den Praktizierenden ganz bewusst in einen solchen Zustand eintreten lässt, um eine Ebene tiefer, aber dennoch bewusste Entspannung zu erreichen. Es heißt, dass der Bewusstseinszustand, der während der Yoga-Nidra-Praxis eintritt, sich zwischen Tiefschlaf und Wachsein befindet. Diese Form von Meditation kann außerordentlich hilfreich sein, um Angststörungen oder körperliche Symptome wie Kopfschmerzen oder Bauchschmerzen zu mildern. Häufig wird Yoga-Nidra auch am Ende einer Asana-Übung praktiziert, um den Körper nach eventueller Anstrengung zu beruhigen und deren positive Auswirkung zu verstärken.

11. anubhūta viṣaya asaṁpramoṣaḥ smṛtiḥ

„Erinnerung ist die mentale Bewahrung einer bewussten Erfahrung“

Der fünfte Bewusstseinszustand, den Patanjali in seinem Yoga-Sutra beschreibt, ist Smriti. Smriti ist das Erinnern an die Erfahrungen, die wir in der Vergangenheit gemacht haben. Dazu gehören sowohl die positiven und unbeschwerten als auch die negativen und belastenden Erinnerungen. Jedes Erlebnis hinterlässt einen Eindruck, der als Erinnerung in unserem Bewusstsein gespeichert wird. Ebenso wie die eigene Wahrnehmung kann eine Erinnerung nicht belegt werden. Es ist nicht möglich, zu sagen, ob eine Erinnerung wahr, unwahr, unvollständig oder rein fiktiv ist. Wenn Sie an eine Situation denken, die Sie gemeinsam mit Ihren Freunden erlebt haben, werden Sie feststellen, dass jede dieser Personen sich an unterschiedliche Fakten erinnert und die Erinnerungen aufgrund dieser unterschiedlichen Wahrnehmungen am Ende nicht miteinander übereinstimmen. Sicher ist jedenfalls, dass Erinnerungen einen enormen Einfluss auf den gegenwärtigen Moment haben, ohne, dass Sie es überhaupt bemerken. Eine schlechte Erfahrung in der Vergangenheit kann Sie zum Beispiel davon abhalten, eine neue Beziehung einzugehen, bestimmte Entscheidungen zu treffen oder den gegenwärtigen Augenblick vollständig zu genießen. Auch die Meinung über andere Menschen basiert hauptsächlich auf der Erinnerung an Ihre Erfahrungen mit diesen Personen. Yoga lehrt uns, vergangene und schmerzhafte Erinnerungen loszulassen, damit ein Zustand der Erleuchtung erreicht werden kann.

12. abhyāsa vairāgyābhyāṁ tannirodhaḥ

„Das zur Ruhe bringen des Bewusstseins erfordert regelmäßige Übung und Hingabe"

Dieses Sutra lehrt uns, wie wir in den Zustand des Yogas gelangen können. Dies kann nur geschehen, wenn wir uns der regelmäßigen und konsequenten Praxis hingeben. Wir müssen uns von Menschen und Dingen lösen, die uns davon abhalten, diesen Weg einzuschlagen. Wir müssen ständig üben, unsere Gedanken und Gefühle zu beobachten, um festzustellen, dass alle Emotionen durch unsere eigenen Ansichten und Abneigungen entstehen. Aber auch, um diese Erkenntnis zu erlangen, sind regelmäßige Übung und vollkommene Hingabe erforderlich.

13. tatra sthitau yatnaḥ abhyāsaḥ

„Achtsamkeit bedeutet, kontinuierlich und konsequent an der Yoga-Praxis festzuhalten"

Abhyasa stammt aus dem Sanskrit und bedeutet „Übung". Das Ziel dieser Übung ist es, einen ruhigen Bewusstseinszustand zu erreichen und diesen auch aufrechtzuerhalten. Patanjali definiert Abhyasa in seinem Yoga-Sutra als eine Praxis, die ausgeübt wird, um einen Zustand der Harmonie mit sich selbst zu erreichen und auch in diesem zu bleiben. Um diesen Zustand zu erreichen, sind drei wichtige Schritte notwendig: über einen langen Zeitraum üben, ohne Unterbrechung üben und sich der Praxis verpflichtet fühlen beziehungsweise hingeben. Abhyasa bezieht sich jedoch nicht nur auf verschiedene Techniken wie Asana oder Pranayama, sondern auch auf die alltäglichen Aktivitäten. Je häufiger und kontinuierlicher der Praktizierende sich also auf seine Gedanken und Handlungen fokussiert, desto schneller wird er auch Fortschritte machen.

14. sa tu dīrghakāla nairantarya satkāra āsevitaḥ dṛḍhabhūmiḥ

„Um ein starkes und sicheres Fundament zu schaffen, muss die Praxis kontinuierlich, richtig und über einen längeren Zeitraum ausgeübt und gepflegt werden"

Wenn die Praxis über einen längeren Zeitraum mit aufrichtiger Hingabe ausgeübt wird, wird sie sich fest verankern. Wenn Sie all Ihre Techniken, ganz gleich ob Meditation, Asana oder Pranayama, mit großem Eifer praktizieren, wird dies einen Einfluss auf all Ihre Lebensbereiche und Ihr wahres Selbst haben. Auch die Auswahl einer für Sie geeigneten Praxis ist dabei von entscheidender Bedeutung. Sie genau wissen, was Sie tun, um den richtigen Weg zu finden. Sie brauchen gute und klare Anweisungen von jemandem, der diesen Weg bereits selbst gegangen ist und ebenfalls weiß, was er tut und wovon er spricht. Zu lernen, wie Sie eine wirklich effektive und tägliche Praxis aufrechterhalten können, schafft letztendlich ein sicheres und starkes Fundament.

15. dṛṣṭa ānuśravika viṣaya vitṛṣṇasya vaśīkāra-saṁjñā vairāgyam

„Standhaftigkeit entsteht dann, wenn ein Gleichgewicht im Bewusstsein geschaffen ist und keinerlei Verlangen nach Dingen besteht, die wir sehen oder von denen wir gehört haben"

In diesem Sutra erklärt Patanjali das Loslassen von sämtlichem Verlangen. Sind diese Standhaftigkeit und der Zustand des Gleichgewichts im Bewusstsein erreicht, fühlen Sie sich erfüllt und hören auf, außerhalb Ihres Selbst nach Dingen zu suchen, die Ihr Verlangen stillen. Es geht auch darum, alltäglichen Versuchungen zu widerstehen, die Sie von Ihrem Weg abbringen könnten und Sie daran hindern, sich von alten Gedankenmustern zu lösen. Verzicht bedeutet Anstrengung und Anstrengung erfordert Übung.

16. tatparaṁ puruṣakhyāteḥ guṇavaitṛṣṇyam

„Der höchste Zustand der Standhaftigkeit ergibt sich aus der Erfahrung des wahren Selbst. In diesem Zustand ist auch das reine Bewusstsein unabhängig von den Grundeigenschaften der Natur"

Wenn die höchste Ebene der Standhaftigkeit erreicht ist, haben keinerlei externe Objekte mehr Macht über uns. Das bedeutet nicht, dass wir diese nicht mehr wahrnehmen, sondern lediglich, dass wir uns nicht mehr von ihnen beeinflussen beziehungsweise kontrollieren lassen. Standhaftigkeit heißt auch, furchtlos zu sein und nicht vor dem Leben davonzulaufen. Es bedeutet, jeden Moment da zu sein. Yoga ist die Fähigkeit, das Leben zu leben, den eigenen Verstand zu lenken, sich nicht mit seinen Emotionen zu identifizieren und Hass in Liebe zu verwandeln.

17. vitarka vicāra ānanda asmitārūpa anugamāt saṁprajñātaḥ

„Ist der Zustand dieser absoluten Standhaftigkeit erreicht, wird dieser Prozess der Bewusstseinserweiterung von vier weiteren Zuständen begleitet: Logischem Denken (Vitarka), Überlegung (Vichara), Glückseligkeit (Ananda) und Ichheit (Asmita)"

1. Vitarka bezieht sich auf logisches Denken und auf das Fokussieren auf ein bestimmtes Objekt.

2. Vichara ist eine Form des Denkens oder Überlegens, in der die Selbsterforschung im Vordergrund steht. Hierbei liegt der Fokus auf der Analysierung des Denkens als Hilfsmittel zur Unterscheidung zwischen dem Wirklichen und Unwirklichen. Es ist eine meditative Praxis, die dabei hilft, den Verstand zur Ruhe zu bringen und sich mit dem reinen Bewusstsein zu verbinden. Diese Praxis wird auch als der direkteste Weg zur Selbstverwirklichung beschrieben.

3. Ananda ist ein Zustand der Meditation, in dem der Praktizierende reine Glückseligkeit erfährt. Dies steht im Gegensatz zu vorübergehendem Glück, das durch die alltäglichen Dinge wie Essen, das Beobachten von schönen Dingen oder das Hören unserer Lieblingsmusik ausgelöst wird. Vielmehr ist es eine Freude, die trotz aller schwierigen Umstände bestehen bleibt. Es ist eine Freude, die in Ihnen lebt und durch nichts, das außerhalb von Ihnen stattfindet, gefunden werden kann.

4. Asmita gleicht dem Schleier, der manchmal den Blick auf unser wahres Selbst verdeckt. Dieser Schleier entsteht durch ein zu großes und zu mächtiges Ego. Das Ego ist für einen Großteil unseres Leidens und für anhaltende Wut verantwortlich, die in vielen Bereichen unseres Lebens zu Konflikten führen kann.

In all diesen vier Zuständen existiert Bewusstsein. Patanjali lehrt uns, dass wir durch Meditation Erleuchtung erreichen können.

18 - 19. virāmapratyaya abhyāsapūrvaḥ saṁskāraśeṣaḥ anyaḥ; bhavapratyayaḥ videha prakṛtilayānām

„Der andere Zustand der Erkenntnis, den man durch ausdauernde Übung erreicht, entsteht, wenn alle Wahrnehmungen sich auflösen und nur nicht manifestierte Eindrücke zurückbleiben.;

Einige Menschen werden mit wahrer Einsicht geboren, während andere diese durch einen göttlichen Körper oder die Einheit mit der Natur erfahren"

Einige Menschen werden in den Zustand der vollständigen Einsicht hineingeboren. Was können jedoch die anderen tun, bei denen dies nicht der Fall ist? Dies erklärt Patanjali im nächsten Sutra.

20. śraddhā vīrya smṛti samādhiprajñā pūrvakaḥ itareṣām

„Für alle anderen bilden ein starker Glaube, Überzeugung, Energie, Erinnerung und Weisheit den Weg zur Verwirklichung"

Patanjali rät, unsere Meditationspraxis mit unterschiedlichen Eigenschaften zu unterstützen.

1. **Shraddha**: Glaube und Überzeugung. Wenn wir unsere Praxis mit festem Glauben und aus tiefster Überzeugung ausüben, werden wir schneller Fortschritte erzielen. Dieser Glaube sollte auf direkter Erfahrung basieren. Wenn Sie zum Beispiel während Ihrer Meditationspraxis Ruhe und Entspannung erfahren haben, wissen Sie bereits, dass weitere Übung Ihnen ähnliche Erfahrungen bringen wird.

2. **Virya**: Energie und Mut. Die positive Energie des Ichs, die den Glauben daran unterstützt, dass Sie sich auf dem richtigen Weg befinden. Ein Mangel an dieser Energie äußert sich in Form von Schwäche und

Unsicherheit. Sie sind in der Lage, alles zu schaffen, was Sie möchten. Sie müssen mutig sein und Ihr Glück selbst in die Hand nehmen, wenn Sie Selbstverwirklichung erreichen möchten.

3. **Smriti**: Erinnerung. Je mehr Sie üben und je aufmerksamer Sie den Weg des Yogas beschreiten, umso mehr Erinnerung schaffen Sie. Erinnerungen helfen Ihnen auf Ihrer Lebensreise, denn Sie geben Ihnen Vertrauen für alle kommenden Entscheidungen, die Sie treffen müssen und die nötige Energie, die Sie brauchen, um Ihre Ziele zu erreichen. Wenn Sie also etwas oder jemandem begegnen, das beziehungsweise der Ihnen auf diesem Weg ein Hindernis sein könnte, wird die Erinnerung an vergangene Erfahrungen Ihnen dabei helfen, weiterzumachen.

4. **Prajna:** Weisheit und erhöhtes Bewusstsein. Wenn Sie sich den drei oben genannten Eigenschaften regelmäßig widmen, erweitert sich Ihr Bewusstsein und Samadhi wird ein Teil Ihrer Erfahrung. Das bringt Sie zu mehr Weisheit, um den Pfad des Yogas zu beschreiten.

21. tīvrasaṁvegānām āsannaḥ

„Für all jene, die kontinuierlich und mit Bedacht üben, ist das Ziel der Verwirklichung greifbar nah“

Wenn wir ohne Unterbrechung und kontinuierlich üben, ist das Ziel nicht weit entfernt. Während wir viele andere Dinge in unserem Leben für äußerst wichtig halten, bleiben die eigentlich wesentlichen Dinge, die uns an unsere Ziele bringen, häufig auf der Strecke. So sollte also auch Ihre Yoga-Praxis die oberste Priorität in Ihrem Leben haben, damit Sie die Verwirklichung erreichen können. Die Bereitschaft, mit höchster Intensität zu üben, kann zu inneren Konflikten führen. Auf dem Weg zur Erleuchtung werden Sie häufig Ihrem Ego begegnen. Fokussieren Sie sich also zu Beginn auf die Bereitschaft und den Fortschritt, anstatt von Anfang an Perfektion anzustreben. Sie werden erkennen, dass jeder kleine Fortschritt Sie weiterbringt und Ihnen dabei helfen wird, einen weiteren Schritt zu wagen. Erinnern Sie sich daran, zu entspannen und dankbar zu sein für jede Erkenntnis, die Sie auf Ihrem Weg erlangen werden.

22. mṛdu madhya adhimātratvāt tataḥ api viśeṣaḥ
„Wie nahe die Verwirklichung ist, hängt jedoch davon ab, ob die Übung leicht, mittelschwer oder intensiv ist"

Ihr Fortschritt hängt letztendlich davon ab, *wie* Sie üben. Je nachdem, wie viel Energie und Zeit Sie in Ihre Praxis investieren, werden Sie auch Ihre Ergebnisse erzielen. Es wird mit Sicherheit Zeiten geben, in denen Ihnen die Übung besonders leichtfällt und Sie geduldig und fleißig sind. Dann wird es aber wiederum andere Zeiten geben, in denen Sie nicht die nötige Energie aufbringen können und vielleicht das Gefühl haben, dass Sie nicht genügend Zeit haben. In diesen Momenten liegt die Bereitschaft darin, sich gegen Ihr Ego durchzusetzen, und trotz allem dranzubleiben, auch wenn es nur für wenige Minuten ist. Es geht nicht um Perfektion. Es geht darum, die Übung aufrechtzuerhalten, ohne sie zu bewerten. Es gibt weder gut noch schlecht. Ihre Praxis ist frei von jeglichem Urteil.

23. Īśvara praṇidhānāt vā

„Das Ziel kann auch dann erreicht werden, wenn man sich an dem Ideal des reinen Bewusstseins, Ishvara, orientiert"

Dieses Sutra sagt im Grunde genommen, dass Samadi, die Selbstverwirklichung, auch erreicht werden kann, wenn wir uns einem höheren und reinen Bewusstsein hingeben. Dazu zählt auch, sich von allen bestehenden Gedankenmustern zu befreien, dankbar zu sein und jeder Lebenssituation mit Achtsamkeit zu begegnen. Im nächsten Sutra erklärt Patanjali die Bedeutung von **Ishvara**.

24. kleśa karma vipāka āśayaiḥ aparāmṛṣṭaḥ puruṣaviśeṣaḥ Īśvaraḥ

*„**Ishvara** ist eine unverwechselbare, besondere Form des reinen Bewusstseins, völlig unabhängig von Ursache und Wirkung oder Erinnerungen und Wünschen“*

Ishvara ist das Konzept einer höheren Macht, das je nach Lehre ganz unterschiedliche Bedeutungen haben kann. Es ist gleichzusetzen mit der absoluten Realität, kann sich aber auch auf die höchste Form des Bewusstseins oder auf einen persönlichen Gott beziehen. Es geht dabei nicht zwangsläufig darum, einer bestimmten Glaubensform anzugehören oder an Gott in Form eines Menschen zu glauben, sondern es kann sich auch auf das Leben oder auf Ihr höheres Selbst beziehen. Dieses reine Bewusstsein ist frei von Ego und jeglichem Leid.

25. tatra niratiśayaṁ sarvajñabījam

„Seine Unabhängigkeit macht dieses Bewusstsein zu einer unvergleichlichen Quelle der Allwissenheit“

Dieser Gott oder dieses reine Bewusstsein ist die Quelle des Wissens. Nichts bleibt im Verborgenen und nichts ist unbekannt. Er/Es ist allwissend.

26. sa eṣaḥ pūrveṣām api guruḥ kālena anavacchedāt

„Isvara existiert jenseits der Zeit und ist selbst Lehrer der alten Autoritäten"

Dieses reine Bewusstsein galt schon als Lehrer der Ältesten. Einige der ursprünglichen Gelehrten der Menschheit haben Ihr Wissen direkt aus dieser allwissenden Quelle erhalten. Gott oder das höchste Bewusstsein war, ist und wird zu jeder Zeit unser Lehrmeister bleiben. Dieser Lehrer existiert nicht außerhalb von uns, sondern in uns. Werfen Sie einen Blick in Ihr Inneres und vertrauen Sie auf die Führung, die Sie von Ihrem inneren Lehrer erhalten.

27. tasya vācakaḥ praṇavaḥ

„Isvara drückt sich durch die heilige Silbe „OM" aus"

Der Begriff oder die Silbe „OM" wurde ursprünglich dafür verwendet, das Gefühl zu beschreiben, welches Weise während ihrer tiefen Meditation empfunden haben. Der Begriff lässt sich nicht spezifisch definieren, sondern bezieht sich viel mehr auf das, was die Praktizierenden für den Klang der Gesamtheit des Bewusstseins hielten. In vielen Yogapraktiken wird „Om" als Vorbereitung oder Einklang für den erwünschten Zustand während der Meditation gesungen. Das hilft dem Praktizierenden dabei, seine volle Aufmerksamkeit in den gegenwärtigen Moment zu bringen. Der entstehende Klang löst verschiedene Schwingungen im Körper aus, die es ermöglichen, auch physisch in einen Zustand des Bewusstseins einzutreten. Die Silbe setzt sich wie folgt zusammen:

A (aaaa): Diese Silbe ist der Ursprung des Klangs und verbindet uns mit unserem individuellen Selbst.

U (oooo): Die zweite Silbe steht für die Energie des Geistes und des Universums.

M (mmm): Diese Silbe bringt uns ein Gefühl von Einheit zwischen unserem Körper und dem Universum.

Der Klang des „OM" wird abschließend immer von einem Moment der Stille (**Anagata**) begleitet. Diese Stille ist ein bedeutender Teil des Ganzen und soll dem Praktizierenden ermöglichen, den Moment der Ruhe und das Gefühl der Einheit vollständig wahrzunehmen und zu genießen.

28. tajjapaḥ tadarthabhāvanam

„Durch die kontinuierliche Wiederholung gewinnt die Silbe an Bedeutung"

Das vollständige Verständnis von „OM" liegt in der Wiederholung. Kontinuierliche Übung einer Praxis, einer Handlung oder in diesem Fall eines Klangs ist immer erforderlich, wenn Sie eine neue Fähigkeit erlernen möchten. Auch die Wiederholung des „OM" wird mit der Zeit verständlicher und verbindet Sie letztendlich mit Ihrem reinen Bewusstsein. Yoga bedeutet Ganzheit. Der angestrebte Zustand wird am Ende durch die Vielfalt an Praktiken erreicht, durch die wir uns auf allen Ebenen weiterentwickeln. Deshalb sollten neben der körperlichen Übung und Meditation also auch verschiedene Klänge ein Bestandteil Ihrer Praxis sein. Diese Klänge sind Ihnen vielleicht eher unter dem Begriff „Mantra“ bekannt.

29. tataḥ pratyakcetana adhigamaḥ api antarāya abhāvaḥ ca

„Durch diese Praxis wird das reine Bewusstsein enthüllt und alle Hindernisse überwunden“

So wie auch in Ihrem alltäglichen Leben werden Sie auf Ihrem Yoga-Weg und auf dem Weg zu Ihrem wahren Selbst einigen Herausforderungen begegnen und auf die unterschiedlichsten Hindernisse stoßen. Konzentrieren wir uns jedoch auf die Ganzheit, können wir all diese Hindernisse überwinden. Patanjali erklärt mit diesem Sutra, dass sich das Negative auflöst, wenn wir uns auf das Positive fokussieren. Jede Herausforderung und jedes Hindernis sind eine Chance, eine Chance, etwas daraus zu lernen und daran zu wachsen, statt sich mit eventuellen Rückschlägen aufzuhalten. Es ist wichtig, auch für diese Momente dankbar zu sein und sich nicht von der eigentlichen Übung abbringen zu lassen. Kehren Sie zu Ihrer Praxis zurück und lassen Sie sich nicht aus der Ruhe bringen.

30. vyādhi styāna saṁśaya pramāda ālasya avirati bhrāntidarśana alabdhabhūmikatva anavasthitatvāni cittavikṣepaḥ te antarāyāḥ

„Krankheit, Trägheit, Zweifel, Nachlässigkeit, Faulheit, Abhängigkeit, Unschlüssigkeit, falsche Wahrnehmung und Unbeständigkeit sind Hindernisse, die verhindern, den erreichten Fortschritt aufrechtzuerhalten"

Patanjali bereitet uns nicht nur auf die Tatsache vor, dass wir auf unserem Weg auf Hindernisse stoßen werden, sondern legt auch offen, auf welche Hindernisse wir uns einstellen und wie wir diese überwinden können. In diesem Sutra erklärt er, dass es neun verschiedene Hindernisse gibt, denen wir womöglich begegnen werden.

1. **Krankheit**: Der Begriff Krankheit umfasst in diesem Zusammenhang vielmehr das Auftreten von möglichen Schmerzen oder Verletzungen, die sich während Ihrer Asana-Praxis bemerkbar machen können. Nichtsdestotrotz kann auch durch eventuell anhaltenden Stress oder ein geschwächtes Immunsystem ein Krankheitszustand auftreten, der Sie daran hindert, Ihren erreichten Fortschritt aufrechtzuerhalten.

2. **Trägheit**: Das Gefühl von Antriebslosigkeit bis hin zu Gleichgültigkeit oder Desinteresse ist ein weiterer Zustand oder ein weiteres Hindernis, dem Sie auf Ihrem Weg begegnen können.

3. **Zweifel**: Ein Hindernis, dem Sie mit Sicherheit schon häufiger in Ihrem Leben begegnet sind, ganz unabhängig davon, ob Sie schon mit der Yoga-Praxis vertraut waren oder nicht. Doch worauf beziehen sich diese Zweifel im Zusammenhang mit dem Weg zur Erleuchtung? Tatsächlich kann es vieles sein. Zum Beispiel könnten Sie daran zweifeln, ob die Art, der Stil oder die Technik Ihrer Praxis Ihnen guttut oder Sie vielleicht etwas anderes versuchen müssen. Vielleicht zweifeln Sie aber auch daran, dass Sie nicht gut genug sind in dem, was Sie tun. Oder es kommen Zweifel auf, ob Sie sich für den richtigen Lehrer entschieden haben, der Sie auf Ihrem Weg begleitet. Woher Ihre Zweifel auch kommen mögen, sie können zu einem Ihrer größten Hindernisse werden. Wenn Sie an sich zweifeln, befinden Sie sich in einem Zustand der Unentschlossenheit. Sie werden nicht mehr in der Lage sein, gegenwärtig zu bleiben und auf Ihre innere Stimme zu hören.

4. **Nachlässigkeit**: Eine Sache, die Patanjali immer wieder betont, ist Ausdauer, Ausdauer im Sinne von kontinuierlicher Übung. Das ist in gewisser Weise auch immer mit Selbstdisziplin verbunden. Wie in vielen Bereichen des Lebens neigen wir dazu, hin und wieder nachlässig zu werden. Und obwohl wir wissen, dass bestimmte Dinge nicht gut für uns sind, tun wir sie trotzdem.

5. **Faulheit**: Dieses Gefühl ist ebenso menschlich wie Nachlässigkeit und könnte Ihre Praxis ebenfalls behindern. Es gibt immer Dinge, die wir aus reiner Bequemlichkeit oder mangelnder Disziplin gerne auslassen oder überspringen möchten. Dazu gehört auch das Üben von Asanas, Pranayama oder Meditation. Patanjali sagt, dass dieser Zustand ganz natürlich ist, und fordert uns auf, zu verstehen, dass es nicht notwendig ist, sich in irgendeiner Form schuldig zu fühlen, wenn diese Gefühle in uns aufkommen.

6. **Abhängigkeit**: Abhängigkeit bezieht sich auf unser Verlangen nach Vergnügen. Wir vernachlässigen unsere Praxis, weil wir dem Verlangen unserer Sinne folgen. Manchmal ist es schwer, eine Balance zwischen dem zu finden, was der Körper will, und dem, was das Herz und der Verstand uns sagen.

7. **Falsche Wahrnehmung**: Es ist möglich, dass während der Meditationspraxis Wahrnehmungen auftreten, die einer Vision gleichen. Sie haben vielleicht eine Einsicht, die Ihnen wenig später auch genau so passiert. Falsche Wahrnehmung deshalb, weil viele Menschen sich in diesem Gedankenmuster verlieren und der Meinung sind, dass Sie eine übermächtige Eingebung hatten und das womöglich wieder passieren wird. Sie fokussieren sich so sehr darauf, eine Einsicht zu erhalten, dass Sie die Realität nicht mehr richtig wahrnehmen.

8. **Nichterreichung des Fortschritts:** Hin und wieder können wir uns festgefahren fühlen oder uns an einem Punkt der Stagnation befinden, obwohl wir unsere Praxis konsequent ausüben. Trotzdem darf man an dieser Stelle keinesfalls die Übung beenden.

9. **Instabilität:** Ähnlich wie auch bei Trägheit oder Faulheit können bestimmte Gefühlslagen dazu führen, dass wir uns möglicherweise niedergeschlagen fühlen. Auch dieses Hindernis ist sehr üblich.

Diese Hindernisse werden nicht nur möglicherweise, sondern mit sehr hoher Wahrscheinlichkeit auftreten. Wichtig ist nur, zu verstehen, dass diese Sie nicht davon abhalten sollten, Ihre Praxis fortzusetzen. Es ist völlig menschlich, dass wir in diese Zustände geraten und letztendlich sind es nur weitere Situationen, aus denen wir etwas lernen können. Wenn wir lernen, diese Zustände zu erkennen und uns nicht von Ihnen beeinflussen zu lassen, nähern wir uns dem eigentlichen Ziel, unserer Selbstverwirklichung.

31. duḥkha daurmanasya aṅgamejayatva śvāsapraśvāsāḥ vikṣepa sahabhuvaḥ

„Leiden, Depressionen, Nervosität und eine unruhige Atmung sind Anzeichen für ein abgelenktes Bewusstsein"

Patanjali beschreibt in diesem Sutra die Anzeichen, die uns erkennen lassen, dass wir uns vor einem dieser Hindernisse befinden. Er erklärt in den folgenden Sutras, wie wir über die Hindernisse selbst und deren Begleiterscheinungen hinwegkommen.

32. tatpratiṣedhārtham ekatattva abhyāsaḥ

„Wer kontinuierlich übt, kann diese Hindernisse mithilfe verschiedener Methoden überwinden"

Den Verstand für einen kurzen Moment auf ein Objekt zu lenken, kann hilfreich sein, die Hindernisse auf unserem Weg zu überwinden. Dies ist ein sehr allgemeiner Ratschlag, welcher sich aber nach längerer Übung erweitern und spezifizieren wird. Nicht jede Methode ist auch automatisch für jeden geeignet und nicht jede dieser Methoden eignet sich für jemanden, der neu in der Praxis ist. Mit eintretendem Fortschritt und der daraus resultierenden Erfahrung wird jeder zum richtigen Zeitpunkt feststellen, was ihm am meisten hilft.

33. maitrī karuṇā muditā upekṣaṇam sukha duḥkha puṇya apuṇya viṣayāṇāṁ bhāvanātaḥ cittaprasādanam

„Das Bewusstsein harmonisiert sich, wenn man Liebe, Mitgefühl, Freude und Gelassenheit gegenüber allen Dingen aufbringt, egal ob angenehm oder schmerzhaft, gut oder schlecht."

Zwischenmenschliche Beziehungen sind essenziell und Liebe bedeutet auch, unsere Mitmenschen liebevoll anzunehmen, so wie sie sind. Wir müssen Liebe zueinander manifestieren, um unsere Beziehungen aufrechtzuerhalten. Auch gegenseitige Unterstützung und Hilfsbereitschaft sind unerlässlich. Es ist immer ein Geben und Nehmen. Wir müssen Akzeptanz und Gelassenheit aufbringen, auch wenn wir nicht immer gleicher Meinung sind und unsere Mitmenschen Ansichten haben, mit denen wir uns nicht identifizieren können. All diese Merkmale unterstützen sich gegenseitig, d.h., dass die Entwicklung immer ganzheitlich fortschreitet. Yoga lehrt aber nicht nur, all das für andere aufzubringen, sondern befasst sich vor allen Dingen mit der wichtigsten Beziehung in Ihrem Leben: mit der Beziehung zu sich selbst. Und obwohl sich das vielleicht einfach anhören mag, wird diese Aufgabe zu einer der größten Herausforderungen des Menschen.

34. pracchardana vidhāraṇābhyāṁ vā prāṇasya

„Diese Harmonie kann auch durch die Regulierung der Ein- und Ausatmung erreicht werden.“

In diesem Vers erklärt Patanjali, dass wir auch mit dem Fokus auf unsere Atmung in einen Zustand der Stille gelangen können. Die Atmung kann also so gesehen ein Objekt sein, auf das wir uns während unserer Meditation konzentrieren, um keinen Raum für negative oder andere Gedanken zuzulassen. Das Ziel ist, den Atem zu beobachten, ohne ihn zu beeinflussen.

Die Atmung soll also in einem ganz natürlichen Zustand fließen und lediglich aufmerksam wahrgenommen werden. Sollten Sie Pranayama zum Mittelpunkt Ihrer Meditation machen, lassen Sie jeden Atemzug einfach kommen und gehen, ohne ihn kontrollieren zu wollen.

35. viṣayavatī vā pravṛttiḥ utpannā manasaḥ sthiti nibandhanī

„Oder indem man zum Beobachter neuer Eindrücke und Gedanken wird"

Durch das Beobachten der Gedankenströme können Sie Ihren Verstand, wenn auch nur für einen kurzen Augenblick, zur Ruhe bringen. Gedanken kommen und gehen, jedoch sind wir uns darüber nicht immer bewusst – ganz im Gegenteil. Stattdessen identifizieren wir uns mit dieser ständigen Unruhe. In diesem Sutra erklärt Patanjali, dass auch die gesammelten Eindrücke und wandernden Gedanken zum Objekt unserer Konzentration werden können.

36. viśokāh vā jyotiṣmatī

„Oder indem wir über die Dinge nachdenken, die frei von Leid und Trauer sind"

Jeder von uns kann an bestimmte Dinge denken, die ein Gefühl von Freude und Glückseligkeit auslösen. Es gilt also, die Aufmerksamkeit auf das zu lenken, was eben dieses bedingungslose Glücksgefühl in Ihnen auslöst, statt sich mit dem aufzuhalten, was negative Emotionen in Ihnen hervorruft. Das wird dazu beitragen, Klarheit und Selbstvertrauen zu schaffen und das aufzulösen, was mit jeglicher Form von Leid verknüpft ist. Die Quelle Ihres Bewusstseins ist frei von Negativität, Urteil und Reaktion. Diese Quelle ist das Ziel.

37. vītarāga viṣayaṁ vā cittam

„Oder indem man sich auf Dinge konzentriert, die nicht den eigenen Begierden dienen"

Patanjali schlägt vor, über ein Objekt zu meditieren, dass nicht an einen unserer Sinne gebunden ist und zu dem keinerlei Anhaftung oder Bindung besteht.

38. svapna nidrā jñāna ālambanaṁ vā

„Oder indem man über Erkenntnisse nachdenkt, die aus dem Schlaf und Träumen gewonnen wurden"

Jede Nacht schlafen und träumen wir. Schlaf kann tatsächlich eine wunderbare Gelegenheit sein, um zur Ruhe zu kommen, da all unsere begrenzten Glaubenssysteme und Überzeugungen ebenfalls ruhen. Dennoch durchlaufen wir im Schlaf mehrere Bewusstseinsebenen. Sie kennen mit Sicherheit auch die Art von Traum, die sich unfassbar real anfühlt. Die Erinnerungen daran regen zum Nachdenken an und können gegebenenfalls sogar neue Einsichten bringen. Wenn wir in der Lage sind, den Geist zu entspannen, während wir bei Bewusstsein bleiben, dann sind das Erkenntnisse, die aus dem Traumzustand gewonnen wurden. Diese Erkenntnisse steigern auch die Klarheit im Alltag.

39. yathābhimata dhyānāt vā

„Oder durch meditative Konzentration auf ein beliebiges Objekt"

Es gibt viele verschiedene Arten von Meditation, die sich durch ihre spezifischen Merkmale unterscheiden. Diese Unterschiede beginnen schon bei der Art der Einstimmung, der Dauer und sogar dem Sinn Ihrer Praxis. Ein Objekt der Konzentration kann im Prinzip alles sein. Ob, wie bereits erläutert, dabei Ihre Atmung oder ein konkreter Gedanke im Mittelpunkt steht, kann der Praktizierende letztendlich selbst entscheiden. Auch Sie müssen herausfinden, welche Methode für Sie am besten funktioniert. Es gibt kein richtig oder falsch, solange das Ergebnis Klarheit und innerer Frieden ist.

40. paramāṇu paramamahattvāntaḥ asya vaśīkāraḥ

„Wer das Ziel der Kontrolle über den Verstand erreicht, beherrscht alles. Vom kleinsten Atom bis hin zum gesamten Kosmos“

Während die wahre Natur des Verstandes immer noch nicht bekannt ist, ist die Natur der „Dinge“ es hingegen schon. Alle Objekte und jegliche Existenz werden durch Energiefelder zusammengehalten.

In der Meditation verschwinden die entgegengesetzten Fixierungen mit scheinbar getrennten Objekten und werden allmählich durch die universelle Version, die die Räume durchdringt und vereint, ersetzt. Diese universelle Version ist die Verbindung zwischen dem kleinsten Atom und der Gesamtheit des Universums. Durch Meditation wir der Verstand jedoch frei von Materialität, weshalb scheinbare physikalische Objekte nur noch eine kleine und eingeschränkte Art sind, Dinge zu sehen, zu identifizieren oder in Verbindung miteinander zu setzen.

41. kṣīṇavṛtteḥ abhijātasya iva maṇeḥ grahītṛ grahaṇa grāhyeṣu tatstha tadañjanatā samāpattiḥ
„Sobald alle Missverständnisse aufgelöst, und alle Hindernisse überwunden sind, erscheint alles so klar wie ein Kristall. Alle Wahrnehmungsebenen vereinen sich miteinander und das Eine baut auf dem Anderen auf. Das ist das Ziel – das ist Erleuchtung"

Einer der wohl wichtigsten Momente in Ihrem Leben wird sein, wenn Sie zum ersten Mal die endgültige und wahre Realität sehen. Es wird Sie für immer und in jeder Hinsicht verändern.

Um diesen Zustand zu erreichen, müssen Sie den kontinuierlichen Zustand eines völlig klaren und fokussierten Verstandes erreichen. Patanjali erklärt in diesem Sutra, dass die ultimative Realität der Klarheit eines Kristalls gleicht und so speziell ist wie ein Diamant.

42. - 43. tatra śabda artha jñāna vikalpaiḥ saṅkīrṇā savitarkā samāpattiḥ; smṛtipariśuddhau svarūpaśūnya iva arthamātranirbhāsā nirvitarka

„In Verbindung mit Wort- und Objektwissen oder der Vorstellungskraft kommt es zu einer Verschmelzung mit dem Denken";

„Auf der nächsten Stufe, die als Verschmelzen jenseits des Denkens bezeichnet wird, sind alle vorherigen Eindrücke beseitigt und die eigene Natur ist klar erkennbar"

Sie kommunizieren kurz mit der ultimativen Realität und fallen dann nach kurzer Zeit in Ihre ursprünglichen Gedankenmuster oder in den für Sie bekannten „normalen" Zustand zurück. Dieser Zustand beinhaltet den großen Fehler, die Dinge falsch zu betrachten. Der einzige Unterschied ist jedoch, dass Sie sich nun bewusst über die Dinge sind, die Sie falsch machen.

Sie glauben nicht mehr an das, was Sie einst für die Wahrheit gehalten haben. Durch diese Erkenntnis entsteht ein Gefühl der Illusion.

44. etayaiva savicāra nirvicāra ca sūkṣmaviṣayā vyākhyātā

„Wenn das Objekt der Konzentration subtil ist, werden zwei Zustände beschrieben. Reflektierend oder reflexionsfrei"

Der Praktizierende nähert sich Schritt für Schritt dem Einstieg in die tiefe Meditation und ist zu Beginn nur von seinen Gedankenströmen gelenkt und abgelenkt. Er identifiziert sich nach wie vor mit seiner Außenwelt und ist noch nicht befreit von Urteil und Wertung. Diese Anhaftungen lösen sich jedoch nach und nach auf und der Einstieg in die Meditation gelingt immer leichter.

45. sūkṣmaviṣayatvaṁ ca aliṅga paryavasānam

„Subtile Objekte lassen sich in undifferenzierter Natur auf ihren Ursprung zurückführen"

Finden wir unseren Einstieg in die tiefe Meditation ohne jegliche Form von Anhaftung, erkennen wir auch die Objekte unserer Konzentration in ihrer wahren Natur.

46. tā eva sabījaḥ samādhiḥ

„Diese vorhergehenden Beschreibungen betreffen das mühelose und kontinuierliche Verknüpfen der Aufmerksamkeit zu einer höheren Konzentrationsebene“

Fälschlicherweise werden auf dem Weg zum reinen Selbst häufig schon andere auftretende Bewusstseinszustände als Erleuchtung wahrgenommen, jedoch sind nach wie vor Hilfsmittel nötig, um aufmerksam und konzentriert zu bleiben.

47. nirvicāra vaiśāradye adhyātmaprasādaḥ

„In der Klarheit der verschmolzenen, reflexionsfreien Betrachtung wird die Natur des Selbst klar“

Erst dann, wenn keine Hilfsmittel mehr benötigt werden, um die Aufmerksamkeit aufrecht zu erhalten, kann der Praktizierende auf seinem Weg zur Erleuchtung fortschreiten.

48. ṛtaṁbharā tatra prajñā

„Dann wird das Bewusstsein mit der reinen Wahrheit gefüllt“

In diesem Zustand der Aufmerksamkeit benötigt der Praktizierende seinen Verstand nicht mehr, um die Wahrheit des universellen Bewusstseins zu erkennen. Die Wahrheit durchdringt nun unser Bewusstsein in seiner reinsten Form.

49. śruta anumāna prajñābhyām anyaviṣayā viśeṣārthatvāt

„Im Gegensatz zu Einsichten, die durch Schlussfolgerungen oder das Wissen anderer gewonnen wurden, hat diese Weisheit die eigentliche Unterscheidung zwischen reinem Bewusstsein und Bewusstsein zum Ziel"

Der einzige Weg zur Erreichung des Überbewusstseins erfolgt durch Konzentration. Der Geist wird jedoch häufig durch vergangene Eindrücke und Wahrnehmungen an dieser Konzentration gehindert. Es gibt verschiedene Formen der Wahrnehmung, die zu unterschiedlichen Zielen führen. Jeder Mensch nimmt Dinge unterschiedlich wahr und das auch, weil jeder Verstand immer das sieht, was er sehen möchte. Wenn Erkenntnisse jedoch intuitiv erscheinen, sind sie rein und frei von jeglicher Falschheit.

50. tajjaḥ saṁskāraḥ anyasaṁskāra pratibandhī

„Diese Erfahrung erzeugt einen Eindruck, der andere Eindrücke ersetzt"

Wir können immer wieder beobachten, dass vergangene Eindrücke dafür sorgen, dass unsere Gedanken während der Meditation wandern. Diese Eindrücke sind in unserem Unterbewusstsein gespeichert und heißen „Samskaras". Gerade dann, wenn wir versuchen, uns auf den gegenwärtigen Moment zu konzentrieren, werden besonders viele dieser vergangenen

Eindrücke auftauchen. Diese versuchen, uns daran zu hindern, sie durch neue, reinere Gedanken oder gar Gedankenstille zu ersetzen. In dem Moment, in dem wir versuchen, aufkommende Gedanken zu unterdrücken, werden sie nur stärker. Anstatt dagegen anzukämpfen, müssen wir sie annehmen und akzeptieren, ohne uns daran festzuhalten. Durch diese Erfahrung können neue Eindrücke entstehen und die vergangenen ersetzen.

51. tasyāpi nirodhe sarvanirodhāt nirbījaḥ samādhiḥ

„Wenn selbst diese aufhören aufzutreten und die Musterung des Bewusstseins vollständig gestillt ist, bringt die Integration keine weiteren Samen hervor"

Wie Sie sich wahrscheinlich erinnern, besteht unser Ziel darin, unsere Seele als reines Selbst wahrzunehmen. Wir können sie nicht als solches wahrnehmen, weil sie sich mit der Natur, mit dem Verstand und mit dem physischen Körper vermischt hat. Ein Unwissender oder das Ego-Selbst identifiziert sich mit Teilbereichen seines großen Ganzen und denkt, dass sein Körper gleichbedeutend mit seiner Seele ist.

Ein Gelehrter denkt, sein Verstand ist seine Seele. Beide Ansichten sind jedoch falsch. Die wahre Natur der Seele kann erst dann wahrgenommen werden, wenn alle Gedankenwellen zur Ruhe gebracht wurden.

Deshalb lehrt Patanjali, sich zuerst über die Bedeutung dieser Wellen bewusst zu werden, zweitens, den besten Weg zu finden, diese zu beruhigen und drittens, einer Welle solch eine Kraft zu geben, dass sie stärker ist als all die anderen.

KAPITEL II

SADHANA PADA – Yoga der Handlung

Das zweite Kapitel des Yoga-Sutras, „Sadhana-Pada", behandelt nicht nur die spirituelle Praxis des Yogas, sondern auch die verschiedenen Ursachen, die für unser Leiden verantwortlich sind. Patanjali erläutert diese Ursachen im Detail und erklärt, welchen weiteren Hindernissen wir auf dem Weg zur Erleuchtung begegnen werden.

Das Kapitel beinhaltet jedoch nicht nur die Gründe für unser Leiden, sondern auch Vorschläge, wie wir diese erkennen und letztendlich auch auflösen können. Sadhana Pada beschreibt also die Handlungen des Yogas und die verschiedenen Schritte, um universelles Leiden zu beseitigen und näher an den Zustand der Erleuchtung zu gelangen. Dies ist der Prozess, der Ihnen bereits als achtgliedriger Weg des Yogas oder Ashtanga Yoga bekannt ist.

2.1. tapaḥ svādhyāya Īśvarapraṇidhānāni kriyāyogaḥ

„Ist die Praxis von Selbstdisziplin und Achtsamkeit gegenüber sich selbst geprägt, ohne an das Endergebnis gebunden zu sein, wird das als Kriya Yoga bezeichnet“

Wenn sich trotz aller Bemühungen nicht die gewünschten Ergebnisse erzielen lassen, führt das zu Frustration und Verärgerung. Kriya Yoga lehrt uns jedoch, dass auch die Erfahrungen und Einsichten, die uns auf dem gesamten Weg zur Erleuchtung begegnen, in gewisser Weise zu unserem Ziel werden. Die Grundaussage ist, dass Yoga möglicherweise erhebliche Veränderungen in Ihrem Leben auslöst. Die Erkenntnisse, die Sie durch Ihre Yogapraxis erlangen, können und sollten auch ein fester Bestandteil in Ihrem Alltag werden.

2.2 samādhi bhāvanārthaḥ kleśa tanūkaraṇārthaś ca

„Solange die Praxis auf das Ziel ausgerichtet ist, lösen sich Hindernisse auf dem spirituellen Weg auf und das Ziel wird erreicht“

Kriya Yoga verringert unsere mentalen, physischen und emotionalen Konflikte und die kurzfristigen oder langfristigen negativen Auswirkungen, die dadurch entstehen. Es ist der endgültige Weg, um Samadhi zu erreichen.

3. avidyā asmitā rāga dveṣa abhiniveśaḥ pañca kleśāḥ

„Es gibt folgende Hindernisse auf dem spirituellen Weg: mangelnde Einsicht, Egoismus, der Glaube daran, dass Glück oder Unglück von äußeren Umständen beeinflusst werden, und tiefgründige Angst"

Der beste Weg, um Schwierigkeiten zu vermeiden, ist, an erster Stelle herauszufinden, wie wir überhaupt in diese Situation geraten sind. Unwissenheit darüber, wie Schwierigkeiten entstehen, woher unsere Sorgen und Ängste kommen, warum wir unglücklich oder wütend sind, ist das größte Hindernis, dem wir begegnen können.

Wir können versuchen, mehr zu schlafen, Urlaub zu machen oder zu meditieren, um unseren Verstand zu beruhigen, jedoch wird dieser Zustand nicht von Dauer sein, wenn wir unsere Gedanken nur für einen kurzen Moment unterbrechen. Die tiefgründigen Ängste und Emotionen bleiben existent, wenn wir sie weiterhin unterdrücken, statt sie an der Ursache zu bekämpfen.

4. avidyā kṣetram uttareṣāṁ prasupta tanu vicchina udārāṇām

„Ein Mangel an Einsicht (avidya) ist die Quelle der meisten Hindernisse und kann unbemerkt, beginnend, voll entwickelt oder überwältigend sein"

Im ersten Kapitel hat Patanjali bereits die Hindernisse beschrieben, die den Weg des Praktizierenden erschweren können. Avidya wird in diesem Zusammenhang an erster Stelle erwähnt, weil es die Grundlage für alle weiteren Hindernisse bildet. Ganz unabhängig davon, wie lange Sie Yoga praktizieren, müssen Sie immer damit rechnen, sich mit einem Mangel an Einsicht beziehungsweise Verwirrung auseinanderzusetzen. Wenn Sie nicht achtsam und nicht aufmerksam genug sind, kann sich dieser Mangel an Einsicht auch dauerhaft manifestieren.

5. anitya aśuci duḥka anātmasu nitya śuci sukha ātma khyātiḥ avidyā

„Unwissenheit bedeutet das Vergängliche mit dem Ewigen, das Reine mit dem Unreinen, die Freude mit dem Leid oder das Veränderliche mit dem Unveränderlichen gleichzusetzen oder zu vergleichen"

Reines und Unreines bezieht sich in dem Zusammenhang auch auf Wichtiges und Unwichtiges. Für sich selbst zu entscheiden, welche Dinge nun wichtig und welche unwichtig sind, wird für viele Menschen eine Herausforderung im alltäglichen Leben. Wir wollen alles, und davon am liebsten so viel wie möglich, ohne darüber nachzudenken, ob es das Richtige für uns ist und welche Konsequenzen uns möglicherweise erwarten könnten. Dinge gleichzusetzen oder miteinander zu vergleichen bedeutet auch, dass es uns schwerfällt, Entscheidungen zu treffen. Durch das Üben von Achtsamkeit werden Sie für sich herausfinden, was wesentlich ist und was nicht. Dennoch müssen Sie dabei berücksichtigen, dass dies bloß Ihre persönliche Sicht der Dinge ist und dass das, was für Sie richtig erscheint, für jemand anderen vielleicht falsch ist. Gerade in Bezug auf Ihre Mitmenschen werden Sie neue Erkenntnisse erlangen. Denn erst wenn Sie sich selbst verstehen, werden Sie auch Verständnis für andere aufbringen können.

6. dṛg darśanaśaktyoḥ ekātmatā iva asmitā

„Ego-Gefühl oder Ich-Bezogenheit entsteht dann, wenn sich der Sehende mit dem, was er sieht, identifiziert"

Ein gutes Beispiel dafür, dieses Sutra zu erklären, ist die Identifikation mit dem physischen Körper. Wenn Sie sich auf die Wahrnehmung beschränken, dass Ihr Körper sich durch fortschreitendes Alter verändert oder dass körperliche Schmerzen Ihren Alltag bestimmen, befinden Sie sich nicht im Zustand der Erleuchtung. Ihre physische Existenz ist nur einer von vielen weiteren Zuständen, die Sie erfahren können, ebenso wie Ihre Gedanken, Gefühle, Emotionen oder Erinnerungen. Sie sind damit jedoch nicht allein. Ein Großteil der Menschen identifiziert sich nur mit einem kleinen Teil des wahren Selbst.

7. sukha anuśayī rāgaḥ

„Das Verlangen (Raga) ist eine eigenständige Veränderung des Geistes, die dem Aufkommen der Erinnerungen an das Vergnügen folgt"

Wir finden Freude an vielen Dingen im Leben und sobald wir diese finden, wird der Verstand gierig nach diesem Vergnügen. Wir fühlen uns niemals von etwas angezogen, wenn wir kein Vergnügen darin finden. Betrachten Sie die Dinge in Ihrem Alltag, die Ihnen Freude bereiten und denken Sie darüber nach, ob gewisse Dinge vielleicht auch eine gewisse Art von Gier oder Verlangen in Ihnen auslösen. Ganz gleich, ob es sich dabei um etwas Leckeres zum Essen oder um die körperliche Nähe zu einem anderen Menschen handelt. Viele Menschen in der heutigen Zeit finden dieses Vergnügen leider in Suchtmitteln wie Alkohol und Drogen. Genauso ist es auch mit unserem Verstand. Vielleicht sind es auch lediglich Gedanken an etwas, die diesen Zustand auslösen. Ganz gleich, um was es sich handelt, die Definition bleibt immer gleich: Wann immer wir Vergnügen finden, folgt auch Verlangen.

8. duḥkha anuśayi dveṣaḥ

„Abneigung (Dvesha) ist eine Veränderung, die sich aus dem mit einem bestimmten im Gedächtnis verbundenen Unglück oder Leiden ergibt"

Genauso ist es auch mit der Abneigung gegenüber bestimmten Dingen. Wie Patanjali bereits im 7. Sutra erklärt, fühlen wir uns nur von Dingen angezogen, in denen wir auch Vergnügen finden. Die Abneigung ist jedoch letztendlich das, was uns näher zur Erleuchtung bringt. Dinge, die Unglück und Leid auslösen, werden wir demnach meiden, wenn wir es nicht bereits tun.

9. svarasavāhī viduṣaḥ 'pi tatha rūḍho 'bhiniveśaḥ

„Der Wunsch nach Beständigkeit und die tiefgründigen Ängste sind auch für die Gelehrten und Weisen existent"

Patanjali beschreibt die Angst als eines unserer größten Hindernisse auf dem Weg zur Erleuchtung. Ängste sind tief in uns verankert und je nachdem, wie sehr wir uns von diesen beeinflussen lassen, können sie uns vollständig vereinnahmen. Grundsätzlich kann man in Bezug auf das menschliche Handeln feststellen, dass nur zwei wesentliche Emotionen existieren. Zum einen ist das die Angst und zum anderen die Liebe. Nur den wenigsten ist jedoch bewusst, dass letztendlich jeder selbst dafür verantwortlich ist, für welche der beiden man sich entscheidet. Während Liebe uns immer einen Schritt nach vorne bringt und wir Freude, Dankbarkeit und noch viel mehr davon in unser Leben ziehen, ist und bleibt die Angst ein Hindernis und hält uns durch die entstehende Wut, Ablehnung oder Gleichgültigkeit davon ab, unser Ziel von Verwirklichung zu erreichen. Was Patanjali außerdem in diesem Vers äußert, ist, dass jeder, also auch die, die bereits Erleuchtung erfahren haben, von Ängsten betroffen sein können.

10. te pratiprasavaheyāḥ sūkṣmāḥ

„Diese Hindernisse, Lasten oder Ängste sollen am Ursprung bekämpft werden"

Patanjali erklärt, dass wir immer wieder Hindernissen begegnen können, ganz egal, wie weit wir auf unserem Weg fortgeschritten sind. Es ist also nicht möglich, diese vollständig zu beseitigen, was bedeutet, dass wir immer daran arbeiten werden müssen. Dabei ist jedoch wichtig, dass wir vor allen Dingen daran arbeiten, diese am direkten Ursprung zu bekämpfen.

11. dhyānaheyāḥ tadvṛttayaḥ

„Durch bewusste Konzentration (Meditation) auf das, was wir überwinden möchten, können die leidvollen Gedanken beseitigt werden“

Um Ängste oder negative Gedankengänge zu überwinden, müssen Sie sich mit diesen auseinandersetzen. Wenn Sie diese unterdrücken und weiterhin davor weglaufen, werden Sie keine Fortschritte sehen, ganz im Gegenteil. Sich mit Ihren tiefgründigsten Ängsten und Sorgen auseinanderzusetzen, kostet Überwindung und kann schmerzhaft sein, ist aber notwendig, damit Sie diese beseitigen können. Sie müssen an den Punkt zurückgehen, an dem die Angst ausgelöst wurde. All das geschieht in Ihrem Kopf, in Ihrem Verstand, in tiefer Meditation.

12. kleśamūlaḥ karmāśayaḥ dṛṣṭa adṛṣṭa janma vedanīyaḥ

„Hindernisse sind der Grund für Neigungen, die zu unserem Handeln und den daraus resultierenden Konsequenzen (Karma) führen. Diese Hindernisse können aus vergangenen Leben stammen und Auswirkungen auf die zukünftigen haben“

In vielen Religionen geht man davon aus, dass wir Menschen wiedergeboren werden und unser Handeln aus vorherigen Leben unsere Gegenwart beeinflusst. Demnach müssen wir auch mit den Konsequenzen leben, die aufgrund der Taten aus früheren Leben entstanden sind. Ebenso können wir aber auch durch unsere Gedanken und Handlungen im gegenwärtigen Moment unsere Zukunft beeinflussen. Somit bestimmen also ein bewussteres Dasein und der Weg zur Selbsterkenntnis durch Yoga, ob entsprechend gutes oder schlechtes Karma entsteht und ob sich auf unserem Weg zur Erleuchtung mehr oder weniger Hindernisse befinden.

13. sati mūle tadvipākaḥ jāti āyuḥ bhogāḥ

„Solange diese karmischen Wurzeln existieren, beeinflussen sie unsere Lebenssituation, Lebenslänge und die Erfahrungen, die wir im Leben machen“

Auch wenn unser vergangenes Verhalten unsere Gegenwart beeinflusst, sind wir im Jetzt dafür verantwortlich, was wir aus unserer Lebenssituation machen oder wie wir mit Konsequenzen umgehen. Das Leben, so wie wir es wahrnehmen, basiert auf den Dingen, die wir für wahr halten. Die karmischen Wurzeln, die Leid mit sich bringen, müssen aufgelöst werden, damit sie keinen weiteren Einfluss auf gegenwärtige Momente und auf unsere Erfahrungen haben.

14. te hlāda paritāpa phalāḥ puṇya apuṇya hetutvāt

„Aufgrund der Natur von Verdiensten oder Fehlern erfahren wir entweder Vergnügen oder Schmerz"

All die Erfahrungen, die wir machen, werden durch unsere Gedanken und unser Handeln beeinflusst. Haben wir positive Gedanken und handeln immer mit einer guten Intention, werden wir Vergnügen erleben und schöne Erfahrungen machen. Haben wir jedoch schlechte Intentionen und schaden wir mit unserem Handeln jemand anderem, wird das ebenfalls negative Konsequenzen haben und wir werden mehr Leid und Schmerz erfahren. Negatives Karma, das bereits aus vergangenen Leben besteht, kann durch positives Handeln aufgelöst werden. Auch die Yogapraxis kann dabei helfen, dieses Karma aufzulösen, da positives Denken und tugendhaftes Verhalten die Grundvoraussetzungen sind.

15. pariṇāma tāpa saṁskāra duḥkaiḥ guṇavṛtti virodhāt ca duḥkham eva sarvaṁ vivekinaḥ

„Diejenigen, die die Fähigkeit zur Unterscheidung haben, wissen, dass alle Schmerzen und jede Form von Leid auf Veränderungen, Ängste, tiefsitzende Ursachen und auf die Schwierigkeiten zurückzuführen sind, die durch die Vermischung mit der scheinbar realen Welt verursacht werden"

Leid und Schmerz sind unumgänglich. Egal, in welcher Lebenssituation wir uns befinden, begegnen wir immer einer Form von Schmerz. Das muss jedoch nicht immer etwas Negatives bedeuten. Auch auf dem Weg zur Erleuchtung und Heilung gelangen wir immer wieder an den Punkt, der unangenehme Emotionen hervorruft. Wir müssen uns mit schmerzhaften Erinnerungen und Erfahrungen aus der Vergangenheit auseinandersetzen, um uns von diesen zu befreien. Ohne Leid kann es keine Erleuchtung geben.

16. heyaṁ duḥkham anāgatam

„Doch noch nicht eingetretenes, zukünftiges Leiden kann verhindert werden"

Vergangene Erfahrungen lassen sich nicht rückgängig machen. Auch die Erinnerungen, die damit verbunden sind, lassen sich nicht vollständig auslöschen. Das bedeutet also, dass wir den bereits erfahrenen Schmerz oder das Leid, das mit diesen Erfahrungen verbunden ist, nicht vermeiden können. Wir können jedoch durch unsere Denkweise und Lebenseinstellung verhindern, das weiteres Leid entsteht. Patanjali geht immer wieder auf einen ganz entscheidenden Punkt ein: den gegenwärtigen Moment. Es geht darum, jeden Moment so anzunehmen, wie er kommt, ohne ihn negativ zu bewerten oder ändern zu wollen. Es geht einzig und allein darum, wie wir mit aufkommenden Situationen umgehen. So können wir Leid verhindern.

17. draṣṭṛdṛśyayoḥ saṁyogo heyahetuḥ

„Die Identifizierung des wahren Selbst mit dem, was veränderlich ist, ist die Ursache für Leid"

Der Mensch identifiziert sich mit dem, was er wahrnimmt, weil er all das für die Realität hält. So gehen die meisten Menschen also davon aus, dass äußere Umstände und ihre Mitmenschen für ihr Leid verantwortlich sind. Gegenwärtigkeit lässt diese Identifizierung jedoch nicht zu, ebenso wenig wie das wahre Selbst. Yoga ist der Weg zu dieser Erkenntnis, zur Erkenntnis, dass jeder Mensch für seine eigene Realität verantwortlich ist.

18. prakāśa kriyā sthiti śīlaṁ bhūtendriyātmakaṁ bhogāpavargārthaṁ dṛśyam

„Objekte und Situationen in der physischen Welt können durch Reinheit, Unruhe oder Trägheit gekennzeichnet sein. Sie führen zu kurzfristigem Vergnügen oder langfristiger Erlösung"

19. viśeṣa aviśeṣa liṅgamātra aliṅgāni guṇaparvāṇi

„Physische Objekte weisen folgende Zustände auf: Spezifisch, unspezifisch, existent und potenziell"

Obwohl alle Objekte am Ende aus der gleichen Substanz bestehen und alles eine Ganzheit bildet, werden sie in verschiedene Zustände unterteilt. Während manche Objekte von jedem wahrgenommen werden können, sind andere hingegen nur für die sichtbar, die einen klaren Geist haben. Auch die Form unseres Leids ist sehr unterschiedlich ausgeprägt. Auf die unterschiedlichen Formen von Leid geht Patanjali zu einem späteren Zeitpunkt noch ein.

20. draṣṭā dṛśimātraḥ śuddhaḥ api pratyayānupaśyaḥ

„Obwohl der Sehende selbst reinem und beständigem Bewusstsein ist, ist das Gesehene durch einen Filter des Geistes verschleiert"

Der Mensch sucht durch seine Wahrnehmung und durch das, was er sieht, nach der wahren Realität, und übersieht dabei, dass er diese nur in sich selbst finden kann. Diese Wahrnehmung ist jedoch durch Anhaftungen verzerrt und kann nur durch tiefe Konzentration an Klarheit gewinnen.

21. tadarthaḥ eva dṛśyasya ātma

„Physische Objekte können nur dann als solche angesehen werden, wenn sie vom wahren Selbst wahrgenommen werden"

In diesem Vers sagt Patanjali ganz ausdrücklich, dass all das, was in unserem Kosmos existiert und von uns wahrgenommen werden kann, nur dazu dient, um es durch das wahre Selbst zu erfahren. Während man in machen Traditionen und Religionen davon ausgeht, dass das reine Bewusstsein der Ursprung von allem ist und die physische Welt sich aus diesem Bewusstsein manifestiert hat, besagen andere wiederum, dass zuerst die Welt existierte und sich daraus die Erkenntnis über das reine Bewusstsein ergeben hat.

22. kṛtārthaṁ prati naṣṭam api anaṣṭaṁ tadanya sādhāraṇatvāt

„Sobald ein Objekt seinen Zweck erfüllt hat, verschwindet es nicht, sondern existiert weiterhin als gemeinsame Realität für alle anderen"

Wenn wir die Erleuchtung erreicht haben, die Illusion sich auflöst und wir nur noch das sehen, was wirklich real ist, nämlich unsere wahre Natur, dann existiert sie dennoch weiterhin für alle anderen. Jemand, der erleuchtet ist, ist zwar trotzdem noch ein Teil der physischen Welt, jedoch ist er bereits mit dem höheren Bewusstsein verbunden und lebt in seiner eigenen Realität.

23. sva svāmiśaktyoḥ svarūpa upalabdhi hetuḥ saṁyogaḥ

„Eine Verbindung zwischen dem Objekt und dem Selbst ist notwendig, damit das Selbst die wahre Natur dieses Objektes erkennen kann"

Ohne in Berührung mit der materiellen Welt zu kommen, kann der Mensch nicht erkennen, dass es sich dabei lediglich um eine Illusion handelt und die Realität in ihm verborgen liegt. Für diese Erkenntnis ist es also notwendig, dass er die physische Welt erforscht.

24. tasya hetuḥ avidyā

„Ein Mangel an Einsicht ist der Grund für die Identifikation mit dem Veränderlichen"

Unwissenheit ist der Grund dafür, dass wir die Illusion nicht als solche erkennen, sondern sie für die Realität halten. Deshalb müssen wir durch Yoga dieses Wissen erlangen, um die wahre Natur zu erkennen.

25. tad abhāvāt saṁyogā abhāvaḥ hānaṁ taddṛśeḥ kaivalyam

„Wenn der Mangel an Einsicht verschwindet, verschwindet diese Identifikation ebenfalls. Sobald dies geschieht, hat sich das wahre Selbst befreit"

Sobald wir das Wissen darüber erlangen, was die tatsächliche Realität ist, löst sich die Identifikation mit der Illusion auf und wir können uns von der physischen Welt lösen und trotzdem ein Teil davon sein.

26. vivekakhyātiḥ aviplavā hānopāyaḥ

„Klares, reines und nicht beeinträchtigendes Wissen ist das Mittel zur Befreiung dieser Identifikation"

Das Ziel ist eine klare Wahrnehmung und das Erlangen der Fähigkeit, zwischen der wahren und der unwahren Realität zu unterscheiden. Was also wirklich existiert und was rein aus der Identifikation mit unserem physischen Körper, mit unseren Emotionen und mit unseren Gedanken entsteht, kann nur durch unser reines Bewusstsein, unser wahres Selbst erkannt werden.

27. tasya saptadhā prāntabhūmiḥ prajñā

„Der Weg zu dieser Erkenntnis wird von sieben Stufen begleitet"

Bei diesen sieben Stufen handelt es sich um Yoga als der achtgliedrige Weg, der bereits vorab beschrieben wurde. In diesem Sutra spricht Patanjali von nur sieben Stufen auf dem Weg zur Erkenntnis, da die Erkenntnis selbst das Ziel und im Grunde genommen nicht mehr Teil des zu beschreitenden Weges ist. Erst wenn der Praktizierende alle sieben Stufen gemeistert hat, kann die letzte achte Stufe, „samadhi", erreicht werden.

28. yogā ṅgānuṣṭhānāt aśuddhikṣaye jñānadīptiḥ āvivekakhyāteḥ

„Durch das Üben der verschiedenen Stufen oder Schritte zum Yoga werden Unreinheiten beseitigt und Erleuchtung der unterscheidenden Weisheit kann entstehen"

Das Üben bezieht sich in diesem Sutra auf die Umsetzung des theoretischen Wissens in die Praxis. Wer die Schritte des achtgliedrigen Weges des Yogas nach Patanjali mit Hingabe befolgt, kann Erleuchtung erreichen. Im nächsten Vers beginnt Patanjali mit der Erläuterung des Ashtanga Yoga.

29. yama niyama āsana prāṇāyāma pratyāhāra dhāraṇā dhyāna samādhayaḥ aṣṭau aṅgāni

„Die acht Glieder des Yogas zur Selbstbeherrschung sind: Achtung gegenüber anderen (Yama), Selbstdisziplin (Niyama), Körperbeherrschung (Asana), Regulierung der Atmung (Pranayama), Zurückhaltung der Sinne (Pratyahara), Konzentration (Dharana), Meditation

(Dhyana) und die Verbindung zu einer Ganzheit (Samadhi)"

Dieses Sutra beinhaltet eine Aufzählung der einzelnen Schritte des achtgliedrigen Yoga-Weges nach Patanjali. Beginnend mit dem ersten Schritt, der das richtige Verhalten und die Achtung gegenüber anderen beschreibt sowie den Umgang mit uns selbst und der damit verbundenen Selbstdisziplin. Die Körperbeherrschung bezieht sich auf die verschiedenen Yoga-Übungen, also die Asanas, die den Körper auf die richtige Haltung während der Meditationspraxis vorbereiten sollen und heutzutage in den meisten Yogakursen geschult werden.

Damit verbunden ist auch die Regulierung der Atmung. Der nächste Schritt umfasst die Kontrolle über die Sinne und die Fähigkeit, die Aufmerksamkeit vollständig auf das Innere zu lenken. Daraus ergibt sich auch der nächste Schritt, Dharana, der uns lehrt, unsere Konzentration auf ein bestimmtes Objekt zu lenken. Diese Konzentration ist der benötigte Schritt zur tiefen Meditation und zur Fähigkeit, die Aufmerksamkeit vollständig in das Hier und Jetzt zu bringen.

Samadhi ist das Ziel und die Verbindung zur Ganzheit durch Erleuchtung.

30. ahiṁsā satya asteya brahmacarya aparigrahāḥ yamāḥ

„Gewaltlosigkeit (Ahimsa), Nicht-Stehlen (Asteya), Wahrhaftigkeit (Satya), Enthaltsamkeit (Brahmacharya) und das Verlangen nach mehr Besitz zu stillen (Aparigraha). Diese fünf Yamas sind die Basis für ein sittliches und soziales Miteinander"

Patanjali erläutert in diesem Sutra die fünf Yamas, die zu einem friedlichen Miteinander beitragen sollen. Das korrekte Verhalten gegenüber anderen umfasst Gewaltlosigkeit, nicht zu stehlen und niemanden zu täuschen, Aufrichtigkeit im Sinne von Enthaltsamkeit und, sich vollständig von dem Verlangen nach materiellem Besitz und der damit verbundenen Bestechlichkeit zu lösen.

31. jāti deśa kāla samaya anavacchinnāḥ sārvabhaumāḥ mahāvratam

„Es gilt, diese Regeln der Selbstbeherrschung einzuhalten, unabhängig von Ort, Zeit und Lebenssituation"

Diese Grundregeln, also Yamas, die Patanjali beschreibt, gelten für jeden Menschen gleichermaßen, ganz egal, in welcher Lebenssituation oder an welchem Ort er sich befindet. Es geht weder darum, welcher Religion oder Nationalität jemand angehört, noch darum, wie alt oder lebenserfahren jemand ist. Diese Regeln der Selbstbeherrschung sollten Teil des gesunden Menschenverstandes sein, da ein friedliches Miteinander immer das Ziel sein sollte.

32. śauca saṅtoṣa tapaḥ svādhyāya īśvarapraṇidhānāni niyamāḥ

„Die inneren Disziplinen sind Sauberkeit und Reinheit von Körper und Geist (Saucha), Zufriedenheit (Santosa), Selbstdisziplin oder Training der Sinne (Tapas), Selbststudium und Selbstreflexion (Svadhaya) und Hingabe zur Quelle (Ishvarapranidhana)"

Sauberkeit und Reinheit von Körper und Geist bezieht sich nicht nur auf die körperliche Hygiene, sondern auch auf die Reinheit des Inneren. Innere Reinheit bedeutet, frei von negativen und verunreinigenden Gedanken und Überzeugungen zu sein. Um ausgeglichen und zufrieden zu sein, müssen wir uns selbst reflektieren und an unseren inneren Stärken arbeiten. Nur durch Selbstreflexion können wir uns selbst erkennen. Mit der Quelle spricht Patanjali von der Hingabe zu Gott oder etwas Größerem, das weit über unser Selbst hinausgeht.

33. vitarkabādhane pratipakṣabhāvanam

„Unheilvolle Gedanken können neutralisiert werden, indem man entgegengesetzte Gedanken kultiviert"

Im Grunde genommen sind unser Verstand und vor allem unser Unterbewusstsein nichts anderes als eine immaterielle Festplatte, auf der all unsere Grundgedanken, Einstellungen und Überzeugungen abgespeichert sind. Durch Meditation ist es uns möglich, all die negativen Gedanken, die Angst und Leid verursachen, durch positive und liebevolle Gedanken zu ersetzen und somit Schmerz zu verringern.

34. vitarkaḥ hiṁsādayaḥ kṛta kārita anumoditāḥ lobha krodha moha pūrvakaḥ mṛdu madhya adhimātraḥ duḥkha ajñāna anantaphalāḥ iti pratipakṣabhāvanam

„Handlungen, die sich aus negativen Gedanken ergeben, werden entweder direkt von sich selbst ausgeführt, von anderen veranlasst oder von uns geduldet. Diese unheilsamen Gedanken können aus Gier, Wut oder Täuschung entstehen; Sie können mild, moderat oder extrem sein. Sie hören nie auf, in Unwissenheit und Leiden zu reifen. Deshalb müssen gesunde Gedanken kultiviert werden"

Gewalt ist unweigerlich ein Teil unseres Lebens, auch wenn wir nicht unmittelbar daran beteiligt sind. Dennoch sind wir auch dann in gewisser Weise Mittäter, wenn wir das Verhalten eines anderen dulden oder durch den daraus resultierenden Schmerz negative Gedanken entstehen. Durch die Wut, die durch negatives und gewaltbereites Handeln verursacht wird, entsteht weiteres Leid, was nur durch Selbsterkenntnis und durch das Kultivieren positiver Gedanken aufgelöst werden kann.

35. ahiṁsāpratiṣṭhāyāṁ tatsannidhau vairatyāgaḥ

„Fest in Gewaltlosigkeit (Ahimsa) verankert zu sein, schafft eine Atmosphäre, in der andere ihre Feindseligkeit loslassen können“

Fest in Ahimsa verankert zu sein, bedeutet nicht nur, dass man frei von jeglicher Gewaltbereitschaft ist, sondern auch, zu erkennen, dass alles und jeder miteinander verbunden ist. Wir sind alle eins. Schaden wir jemand anderem, schaden wir also gleichzeitig auch uns selbst. Das setzt voraus, dass wir respektvoll mit anderen, aber auch mit uns selbst umgehen. Begegnen wir also unseren Mitmenschen und unserer Umwelt mit Respekt und Mitgefühl, so werden wir als Konsequenz auch die gleiche Reaktion von unserem Gegenüber erfahren. Die Energie, die wir ausstrahlen, ziehen wir also automatisch wieder an. Deshalb ist Gewaltlosigkeit auch das oberste Prinzip auf Patanjalis achtgliedrigem Weg zu einem friedlichen Miteinander.

36. satyapratiṣṭhāyāṁ kriyāphalāśrayatvam

„Für diejenigen, die auf Wahrhaftigkeit (Satya) gegründet sind, ist jede Handlung und deren Konsequenz von Wahrheit durchdrungen"

Wahrhaftigkeit sollte eine Lebenseinstellung sein. Sobald unsere Gedanken und unser Handeln auf Wahrhaftigkeit ausgerichtet sind, wird alles, was wir tun, mit einem erfolgreichen Ergebnis belohnt. Wir müssen den Gedanken und die Einstellung ablegen, dass es falsch ist, zu lügen, nur weil es uns so beigebracht wurde oder weil es einige Religionen sagen. Wir müssen ein ausgeprägtes Verständnis dafür aufbringen, dass Gutes zu tun nicht nur richtig ist, sondern der einzige Weg, um an unser Ziel zu gelangen und ein friedliches Leben zu führen – nicht nur für uns, sondern auch für alles und jeden in unserer Umgebung. Wenn wir kontinuierlich daran arbeiten, die Wahrheit zu sagen, dann werden auch unsere Mitmenschen ehrlich zu uns sein.

37. asteyapratiṣṭhāyāṁ sarvaratnopasthānam

„Für diejenigen, die keine Neigung zum Stehlen (Asteya) haben, steht alles Kostbare zur Verfügung"

Ebenso bezieht sich Patanjali in diesem Sutra auf das Nicht-Stehlen. Nicht-Stehlen bedeutet nicht nur, wortwörtlich jemand anderen zu berauben, sondern auch, nicht habgierig oder missgünstig zu sein. Viele

Menschen entwickeln ein Gefühl von Neid und Missgunst, wenn sie vermeintlich weniger besitzen als jemand anderes. Wenn wir dankbar sind und zu schätzen wissen, was wir haben, dann ziehen wir mehr Dankbarkeit und Wertvolles in unser Leben.

38. brahmacaryapratiṣṭhāyāṁ vīryalābhaḥ

„Ist Enthaltsamkeit (Brahmacharya) fest etabliert, erlangt der Enthaltsame eine kraftvolle Vitalität"

Es geht Patanjali in diesem Sutra nicht in erster Linie darum, vollkommen enthaltsam zu sein, sondern eher darum, die Begierde und den Drang nach sexueller Befriedigung stets unter Kontrolle zu haben und ein unmoralisches Verhalten zu meiden. Sexuelle Energien gehören jedoch zu den mächtigsten Kräften, denen wir in unserem alltäglichen Leben begegnen. Patanjali rät, diese Energien durch Enthaltsamkeit zu zügeln und sie stattdessen für spirituelles Wachstum zu nutzen. Wie in jedem Sutra oder in jeder Hinsicht geht es vielmehr um Achtsamkeit und um einen bewussten Umgang mit den Trieben, die uns von Natur aus gegeben sind.

39. aparigrahasthairye janmakathaṁtā saṁbodhaḥ

„Freiheit vom Verlangen nach Besitz (Aparigraha) erschließt den wahren Sinn der Existenz“

Gier und Verlangen nach materiellem Besitz ist nicht untypisch in der heutigen Zeit. Es scheint so, als hätte jeder das Gefühl, nicht genug zu haben und ist stattdessen davon besessen, dieses Mangelgefühl durch mehr Konsum zu stillen. Anders wird dieser Vers auch manchmal mit der Unbestechlichkeit oder dem Nichtannehmen von Geschenken übersetzt. Patanjali spielt darauf an, dass das Verlangen nach Besitz ein entscheidender Faktor für das Leid der Menschen ist und rät stattdessen, Dankbarkeit zu üben für all die Dinge, die wir bereits haben. Wer mit dem zufrieden ist, was er hat, und nicht mehr verlangt, als er tatsächlich braucht, wird mit Zufriedenheit belohnt.

40. śaucāt svāṅgajugupsā paraiḥ asaṁsargaḥ

„Durch die Reinheit von Körper und Geist (Saucha) entwickelt man eine Haltung der Distanzierung zum eigenen Körper und zum Körper anderer“

Saucha steht für Reinheit. Wie bereits in der Erklärung zum achtgliedrigen Yoga-Weg nach Patanjali erwähnt, bezieht sich die Reinheit nicht nur auf die körperliche Hygiene, sondern auch auf die Reinheit des Geistes, frei von negativen und schlechten Gedanken zu sein. Dennoch sollte auch durch eine gute Pflege auf den Körper geachtet werden, da dieser als Zuhause unserer Seele dient und uns durch das ganze Leben begleitet. Die Distanzierung spielt auf die Identifikation mit dem physischen Körper und den Emotionen an, die durch Reinigung aufgelöst werden soll.

41. sattvaśuddhi saumanasya ekāgra indriyajaya ātmadarśana yogyatvāni ca

„Durch die Reinigung entsteht Heiterkeit des Geistes, Klarheit, Kontrolle über die Sinne, Konzentration bis hin zur Verwirklichung des Selbst"

Wer auf sich selbst achtet und die Reinheit des Körpers und Geistes pflegt, wird zu mehr Klarheit finden. Reinigung bedeutet immer auch, etwas loszulassen oder sich von etwas zu befreien. Die Anhaftung an die Identifikation mit dem physischen Körper, mit den Gedanken und Emotionen löst sich auf und der Praktizierende kommt der Verwirklichung des Selbst durch einen klareren Blick einen Schritt näher.

42. saṅtoṣāt anuttamaḥ sukhalābhaḥ

„Der Zustand von Zufriedenheit bringt unübertroffene Freude"

Wahre innere Zufriedenheit und Gelassenheit bringen das größte Glück. Zufriedenheit ist das, was die meisten Menschen im Leben anstreben. Es ist ein

Zustand, der unabhängig von äußeren Umständen oder anderen Menschen ist. Viele Menschen machen Zufriedenheit und Freude von ihrem Umfeld abhängig, ohne zu wissen, dass sie es bereits in sich tragen und nur durch einen klaren Blick auf ihr wahres Selbst entfachen können. Zufriedenheit bedeutet auch, dass man jede Situation dankbar annimmt und sich bewusst darüber ist, dass auch Rückschläge nur zum Fortschritt beitragen und es immer etwas Positives daraus zu lernen gibt.

43. kāya indriya siddhiḥ aśuddhikṣayāt tapasaḥ

„Durch Selbstdisziplin werden geistige Unreinheiten beseitigt, woraus eine Beherrschung des Körpers und der Sinne (Tapas) resultiert"

Durch die Übung der tiefen Meditation ist der Körper fähig, sich selbst von geistigen und körperlichen Unreinheiten oder Blockaden zu heilen. Krankheiten, die sich physisch äußern, liegen meist einer mentalen Blockade zugrunde. Nicht umsonst heißt es zum Beispiel, dass einem der Stress auf den Magen schlägt. Ohne ein gesundes Inneres kann es auch kein gesundes Äußeres geben. Wenn der Geist von Unreinheiten befreit ist, wird der Körper mit neuen und kraftvollen Energien belohnt.

44. svādhyāyāt iṣṭadevatā saṁprayogaḥ

„Durch das Selbststudium (Svadhyaya) kommt es zur Vereinigung oder Übereinstimmung mit der wahren Realität"

Selbstreflexion ist das stärkste Werkzeug, um unser wahres Selbst zu erkennen. Das Innere zu studieren und in unterschiedlichen Situationen zu beobachten, hilft uns, zu erkennen, wann wir von tieferliegenden Überzeugungen oder Emotionen gelenkt werden und warum wir so handeln, wie wir es tun. Egal, ob in einem Konflikt mit sich selbst oder jemand anderem, Selbstreflexion bringt uns immer wieder zurück zur Erkenntnis, dass die Konflikte meist dort beginnen, wo wir uns in der Illusion verlieren und nicht bewusst im gegenwärtigen Moment sind.

45. samādhisiddhiḥ īśvarapraṇidhānāt

*„Durch die Orientierung am Ideal des reinen Bewusstseins (**ishvarapranidhana**) kann man Integration (Samadhi) erreichen"*

Patanjali betont mit diesem Vers erneut, dass die Hingabe zu Gott oder zur reinen Quelle uns ermöglicht, Samadhi zu erreichen. Samadhi ist die achte Stufe des Ashtanga Yoga und somit auch das Ziel, das durch Hingabe und Achtsamkeit erreicht werden soll.

46. sthira sukham āsanam

„Die Meditationshaltungen (Asana) sollten Beständigkeit und Leichtigkeit verkörpern"

Bei Asana geht es um die perfekte Haltung, die wir während unserer Meditation einnehmen. Diese Haltung sollte immer bequem sein, damit wir uns vollkommen entspannen und auf die Praxis einlassen können. Durch die verschiedenen körperlichen Übungen, die im Yoga generell, aber besonders in der modernen Yogapraxis in Klassen geschult werden, gewinnt der Körper an Kraft und Flexibilität, die es uns ermöglichen, länger in unserer Meditationshaltung zu verweilen. Körperliches Wohlbefinden und eine gute Fitness sind aber natürlich auch für das alltägliche Leben wichtig. So wie ein gesunder Körper nicht ohne einen gesunden Geist funktioniert, funktioniert auch umgekehrt ein gesunder Geist nicht ohne einen gesunden Körper.

47. prayatna śaithilya ananta samāpattibhyām

„Um dies zu erreichen, ist das Loslassen jeglicher Anstrengung notwendig, damit eine Verschmelzung mit dem Unendlichen stattfinden kann, was zur endlosen Befreiung führt"

Yoga und das Üben der Asanas soll in keiner Weise eine Überforderung oder Überanstrengung des Körpers und Geistes sein, weshalb niemals eine Form von

Zwang entstehen sollte. Ohne sich mit anderen zu vergleichen, sollte jeder nur bis zu dem Punkt gehen, an dem er sich wohlfühlt und der Körper sich vollkommen entspannen kann.

48. tataḥ dvandvāḥ anabhighātaḥ

„Dadurch werden alle Gegensätze überwunden“

All das, was wir einst als störend und ablenkend empfunden haben, löst sich auf, wenn wir uns in völliger Entspannung unserer perfekten Körperhaltung befinden. Alle äußeren Umstände werden vollständig ausgeblendet und wir können noch tiefer in unserer Praxis versinken.

49. tasmin satiśvāsa praśvāsayoḥ gativicchedaḥ prāṇāyāmaḥ

„Mit nachlassender Anstrengung kann die Kontrolle über die Bewegung der Atmung (Pranayama) erfolgen“

Sobald wir uns während unserer Meditation in der perfekten Position befinden, die es uns ermöglicht, uns vollkommen zu entspannen, und die keinerlei Anstrengung bedarf, können wir mit der Konzentration auf die Atmung beginnen. Die richtige und vollständige Atmung begünstigt einen ungestörten Fluss der Lebensenergie (Prana) durch unseren Körper und sorgt für Ausgeglichenheit und eine gleichmäßige Versorgung des gesamten Körpersystems.

50. bāhya ābhyantara stambha vṛttiḥ deśa kāla saṁkhyābhiḥ paridṛṣṭah dīrgha sūkṣmaḥ

„Die verschiedenen Arten dieser Kontrolle beziehen sich auf das Einatmen, Ausatmen und den Übergang zwischen jedem Atemzug und die Dauer, Intensität und Häufigkeit"

Die Kontrolle der Atmung oder die Konzentration auf die Atemzüge ist eine der meistgeschulten Meditationstechniken. Dabei geht es nicht nur darum, die Atmung zu beobachten, wie sie kommt und geht, sondern auch darum, die Atemzüge ganz bewusst in verschiedene Bereiche des Körpers zu lenken. So können wir uns zum Beispiel darauf konzentrieren, bewusst in den Bauch oder in die Brust zu atmen, wir können die Länge unserer Ein- und Ausatmung bestimmen und durch die Nase oder den Mund atmen. Trotz des Begriffs „Kontrolle" sollte jedoch keinerlei Zwang entstehen und die Atmung soll weiterhin ganz natürlich fließen, ohne unterbrochen zu werden.

Während wir durch die Einatmung positive Lebensenergie aufnehmen können, können wir mit jeder Ausatmung negative Energien loslassen.

51. bāhya ābhyantara viṣaya ākṣepī caturthaḥ

„Mit dem Aufkommen der Erkenntnis fällt die Unterscheidung zwischen Ein- und Ausatmen weg"

Die höchste Form der Atmung ist dann erreicht, wenn der Praktizierende den Fluss seiner Atmung vollständig kontrollieren kann, ohne sich bewusst darauf zu konzentrieren.

52. tataḥ kṣīyate prakāśa āvaraṇam

„Dadurch wird der Schleier des wahren Selbst gelüftet"

Der Schleier aus Gedanken, Emotionen und Anhaftung verzerrt unsere Wahrnehmung und hindert uns daran, die Realität und unsere wahre Natur zu erkennen. Die richtige Atmung sorgt dafür, dass unsere Lebensenergie gleichmäßig und problemlos fließen kann und sämtliche Blockaden aufgelöst werden können, die den Schleier aus Emotionen und Gedanken aufrechterhalten. Wenn durch unsere Meditation Erleuchtung eintritt, lüftet sich auch der Schleier und wir bringen Licht in das Dunkle, das uns bislang den Blick auf unser reines Sein unmöglich gemacht hat.

53. dhāraṇāsu ca yogyatā manasaḥ

„Dann entwickelt der Geist die Fähigkeit zur wahren Konzentration (Dharana)"

Der Fokus auf unser Inneres, also auf unsere Atmung, erfordert Achtsamkeit und Aufmerksamkeit.

Wenn wir den Fluss unserer Atmung beherrschen, entwickeln wir automatisch die Fähigkeit, uns auch auf andere Dinge in unserem Inneren zu konzentrieren. Diese wahre Konzentration (Dharana) ermöglicht es uns dann, die Unruhe unseres Verstandes zu erkennen und auch diese bewusst zu kontrollieren.

54. svaviṣaya asaṁprayoge cittasya svarūpāanukāraḥ iva indriyāṇāṁ pratyāhāraḥ

„Durch das Zurückziehen der Sinne und die Anhaftung an ein bestimmtes Objekt kehrt der Geist zu seinem natürlichen Zustand zurück (Pratyahara)"

Durch die Konzentration auf ein Objekt, das nicht in unserem Inneren liegt, lassen wir uns schnell von weiteren Dingen in unserer Umgebung ablenken, da wir auf diese keinen Einfluss haben. Durch Ablenkung entsteht oft Urteil und durch dieses Urteil entstehen andere negative Emotionen. Sind wir jedoch tief mit unserer inneren Stille verankert, werden auch diese äußeren Objekte nicht mehr als störend empfunden. Wir nehmen alles so an, wie es ist, ohne es zu bewerten oder uns davon beeinflussen zu lassen. In diesem Zustand befinden wir uns im gegenwärtigen Moment, der gleichzeitig auch der natürliche Zustand ist.

55. tataḥ paramā vaśyatā indriyāṇām

„Dann hat man die Kontrolle über die Mittel des Bewusstwerdens"

Hat der Praktizierende den Punkt erreicht, an dem er sich von nichts und niemandem aus der Ruhe bringen lässt und an dem er seine Meditation ohne Anstrengung und Ablenkung durch äußere Einflüsse aufrechterhalten kann, so hat er die Kontrolle über sein Bewusstsein erreicht.

KAPITEL III

VIBHUTI PADA - Die außergewöhnlichen Kräfte

Das dritte Kapitel beschäftigt sich mit dem tieferen Fortschritt der Yoga-Praxis. Der Kernpunkt dieses Fortschritts liegt dabei auf der Manifestationskraft des Geistes. Vibhuti Pada wird auch als der Weg zu übernatürlichen oder außergewöhnlichen Kräften übersetzt, die der Praktizierende durch die vollkommene Hingabe zu dem achtgliedrigen Weg des Yogas erreichen kann. Diese Kräfte sind für jeden zugänglich, der gewisse Regeln befolgt und sich nicht durch seine Begierden oder durch äußere Einflüsse von seinem Weg abbringen lässt.

Dieses Kapitel widmet sich außerdem dem Begriff Samyama, der diese übernatürlichen Kräfte entfacht und eine Vereinigung der letzten drei Glieder des Ashtanga Yoga bezeichnet. Sobald diese drei Stufen vom Praktizierenden überwunden sind, können die Kräfte sich entfalten und manifestieren. Patanjali geht in diesem Zusammenhang auch darauf ein, dass die Anhaftung an das Ego vollständig aufgelöst werden muss, da die Kräfte sich sonst zu weiteren Hindernissen auf dem Weg zur endgültigen Befreiung entwickeln können.

1. deśa bandhaḥ cittasya dhāraṇā

„Konzentration (Dharana) ist der Prozess, bei dem die Aufmerksamkeit des Geistes auf ein bestimmtes Objekt gelenkt wird"

Konzentration auf ein bestimmtes Objekt bedeutet auch, alle anderen Objekte in der äußeren Umgebung auszublenden und sich nicht durch äußere Einflüsse ablenken zu lassen. Es geht darum, jede Art von Ablenkung zu meiden. Patanjali schlägt vor, sich auf etwas zu konzentrieren, das in unserem Inneren liegt. Das kann zum Beispiel die eigene Atmung oder der Herzschlag sein, aber auch der Fokus auf andere Körperteile.

2. tatra pratyaya ekatānatā dhyānam

„Die wiederholte Fortsetzung dieser Konzentration wird als Absorption der Meditation (Dhyana) bezeichnet"

Irgendwann, durch ein sehr konsequentes und regelmäßiges Üben von Meditation, erreichen wir die absolute Stille des Geistes. Aller Anfang ist schwer. Das bezieht sich auf so ziemlich jede Situation im Leben. Wir können nur dann Fortschritte machen, wenn wir konsequent üben und uns nicht aus der Ruhe bringen lassen. Das trifft auch besonders auf die anfängliche Yoga- und Meditationspraxis zu. Den Geist ruhig zu stellen und die Kontrolle über den Strom der eigenen Gedanken zu erlangen, ist eine Lebensaufgabe und kann nur dann gelingen, wenn der Praktizierende seine Praxis kontinuierlich wiederholt. Es geht dabei nicht nur um die Meditationspraxis an sich, sondern auch um die alltäglichen Situationen, in denen Achtsamkeit eine große Rolle spielt. Bewusstsein in das tägliche Leben zu bringen bedeutet, in schwierigen Momenten Ruhe zu bewahren und immer wieder zur inneren Ruhe zurückzukehren.

3. tadeva arthamātranirbhāsaṁ svarūpaśūnyam iva samādhiḥ

„Wenn nur die wahre und reine Essenz dieses Objekts in einer formlosen Beschaffenheit im Geist hervortritt, wird der Zustand dieser tiefen Absorption als Samadhi bezeichnet"

Das Ziel oder der zu erreichende Zustand ist die völlige Stille des Geistes. Es geht um den perfekten Fokus und die Fähigkeit, in diesem zu verweilen. In diesem Zustand löst sich jegliche Anhaftung an Emotionen, Gedanken und der Einfluss durch äußere Umstände und der Praktizierende ist frei von Urteil. Es ermöglicht eine klare Sicht auf das wahre Selbst und eröffnet den Weg zu höherem Bewusstsein.

4. trayam ekatra saṁyamaḥ

„Konzentration, meditative Absorption und Integration in Bezug auf ein einzelnes Objekt umfassen die perfekte Disziplin des Bewusstseins (Samyama)"

Die perfekte Disziplin des Bewusstseins oder auch die absolute Selbstbeherrschung wird als „Samyama" bezeichnet. Sie schließt sich aus der Beherrschung über die drei Stufen Dharana, Dhyana und Samadhi zusammen. Dieser Zustand ist dann erreicht, wenn der Praktizierende die Kontrolle über seine Gedankenströme und die daraus resultierende absolute Stille des Geistes erlangt. Der Praktizierende ist befreit von allen Einflüssen und sieht das Objekt nun in seiner reinen Natur.

5. tajjayāt prajñālokaḥ

„Durch die Beherrschung von Samyama wird reines Wissen des höheren Bewusstseins sichtbar oder erleuchtet"

Wenn wir uns auf das Objekt unserer Meditation fokussieren und uns von allen anderen Umständen und Anhaftungen lösen, eröffnen sich tiefere Einblicke, die mit diesem Objekt in Verbindung stehen. Patanjali beschreibt dies als Erleuchtung oder Licht des höheren Bewusstseins. Dieses höhere Bewusstsein umfasst Allwissenheit und die Energie, die uns ermöglicht, uns selbst zu heilen.

6. tasya bhūmiṣu viniyogaḥ

„Dieser dreiteilige Prozess von Samyama wird schrittweise auf die anderen Ebenen, Zustände oder Stufen der Praxis angewendet"

Der Praktizierende kann keine sofortige Erleuchtung erwarten und muss konsequent üben, um Samyama zu erreichen. Die drei Stufen bauen ebenso aufeinander auf wie der achtgliedrige Weg des Yogas, und sie können nur Schritt für Schritt gemeistert werden. Kleine Schritte führen am Ende auch zum großen Ziel und jede Stufe sollte mit Bedacht beschritten werden.

7. trayam antaraṅgaṁ pūrvebhyaḥ

„Diese drei Praktiken – Konzentration (Dharana), Meditation (Dhyana) und Integration (Samadhi) – sind stärker miteinander verknüpft als die vorhergehenden fünf Glieder oder Praktiken"

Während sich die ersten fünf Stufen neben Selbstdisziplin und dem Umgang mit unseren Mitmenschen größtenteils mit äußeren Begebenheiten befassen, richten sich die drei Letzten vollständig auf unser Inneres. Sowohl Konzentration als auch Meditation und Integration, also der Verbindung zu einer Ganzheit, beziehen sich ausschließlich auf unser Inneres und führen letztendlich auch zur Erkenntnis und zu dem klaren Blick auf das wahre Selbst.

8. tadapi bahiraṅgaṁ nirbījasya

„Diese drei sind jedoch äußerlich im Vergleich zur samenlosen Integration"

Laut Patanjali gibt es unterschiedliche Arten der vollkommenen Erleuchtung (Samadhi). Wir haben noch nicht das wahre Samadhi erreicht, sondern ein niedrigeres Stadium, in dem der Geist noch nicht vollständig mit dem Objekt der Meditation verbunden ist. Es muss nach wie vor Bewusstsein praktiziert werden, um Anhaftungen, Gedanken und Emotionen daran aufzulösen.

9. vyutthāna nirodha saṁskārayoḥ abhibhava prādurbhāvau nirodhakṣaṇa cittānvayaḥ nirodhapariṇāmaḥ

„Erfolgt ein Bewusstsein über die Gedankenströme des Geistes, können Augenblicke der Ruhe einkehren"

Das Chaos aus Gedankenströmen ist meist eine Projektion aus dem Unterbewusstsein, in dem all unsere Überzeugungen, Gedankengänge, Erfahrungen und die damit verbundenen Ängste und Sorgen verknüpft sind. Je bewusster wir uns darüber sind und je weniger wir uns mit diesen Gedankenströmen identifizieren, desto mehr Augenblicke der Ruhe werden folglich auch einkehren. Durch Achtsamkeit, die wir durch Meditation manifestieren, können die negativen Gedanken durch positive ersetzt und tief im Unterbewusstsein verankert werden. Das führt zu innerer Ruhe, die frei von jeglicher Ablenkung ist.

10. tasya praśāntavāhita saṁskārāt

„Durch kontinuierliche Übung wird das Bewusstsein von einem ruhigen Moment zum nächsten fließen"

Patanjali betont immer wieder die Wichtigkeit der Kontinuität. Auch in diesem Sutra erklärt er, dass nur durch dauerhafte Übung ein Zustand des reinen Bewusstseins und der Ruhe des Geistes entstehen kann. Je bewusster wir uns sind, desto mehr dieser bewussten Momente werden eintreten. Auftretende Gedanken werden nicht mehr als störend empfunden und lenken nicht vom gegenwärtigen Moment ab. Die Gedankenströme fließen frei von Urteil und so schnell, wie sie kommen, gehen sie auch wieder.

11. sarvārthatā ekāgratayoḥ kṣaya udayau cittasya samādhipariṇāmaḥ

„Wenn wir konzentriert und frei von Ablenkung sind, kann die Verwirklichung von Samadhi eintreten"

Dieses Sutra unterstreicht noch einmal die zuvor getroffenen Aussagen. Wenn wir in einen Zustand der Meditation eintreten, der frei von Anhaftung, Ablenkung und jeder Art von Identifikation ist, und in dem der Geist vollkommen zur Ruhe gebracht wurde, kann die Erleuchtung eintreten.

12. tataḥ punaḥśānta uditau tulya pratyayau cittasya ekāgratāpariṇāmaḥ

„Das Bewusstsein richtet sich aus, während sich ein fließender Übergang zwischen aufkommenden und abklingenden Gedanken entwickelt"

Es ist völlig menschlich, dass wir uns von den aufkommenden Gedanken ablenken lassen und uns teilweise über einen längeren Zeitraum damit aufhalten. Wenn wir jedoch vollkommen auf unser Objekt der Meditation ausgerichtet sind und uns nicht von den aufkommenden, aber auch wieder abklingenden Gedanken und Eindrücken ablenken lassen, ist ein inneres Gleichgewicht geschaffen, welches als starkes Fundament für tiefere Bewusstseinszustände dient.

13. etena bhūtendriyeṣu dharma lakṣaṇa avasthā pariṇāmāḥ vyākhyātāḥ

„Das Bewusstsein entwickelt sich auf den gleichen drei Linien - Form, Zeitspanne und Zustand - wie die Elemente und die Sinne"

Unsere Wahrnehmung verändert sich und unser Objekt der Meditation ist unabhängig von Form, Zeit und Zustand. Es ist uns möglich, Dinge objektiv zu betrachten, und wir legen unsere vorurteilsvolle Wahrnehmung vollständig ab. Alle Dinge können in ihrer wahren Natur erkannt werden und sind ebenfalls befreit von den Einflüssen unserer Sinnesorgane.

14. śānta udita avyapadeśya dharma anupātī dharmī

„Das Fundament bleibt unverändert und ist unabhängig von Vergangenheit, Gegenwart und Zukunft"

Das Fundament ist die wahre Natur oder das wahre Selbst. Alles ist miteinander verbunden und es gibt keine Trennung zwischen jeglicher Existenz. Diese universelle Verbundenheit ist der Kern und ist unveränderlich sowie unabhängig von allem was war, ist und sein wird.

15. karma anyatvaṁ pariṇāma anyatve hetuḥ

„Diese Transformationen scheinen sich so zu entfalten, wie sie es tun, weil Bewusstsein eine Folge von unterschiedlichen Mustern ist"

Nichts ist beständig, was im Umkehrschluss bedeutet, dass sich alles ständig verändert, ohne, dass wir einen Einfluss darauf haben. Der Grund dafür sind die Naturgesetze, die immer und zu jeder Zeit agieren.

16. pariṇāmatraya saṁyamāt atīta anāgatajñānam

„Wenn Sie diese drei Achsen des Wandels - Form, Zeitspanne und Zustand - mit perfekter Disziplin beobachten, erhalten Sie Einblick in die Vergangenheit und die Zukunft"

In diesem Vers erläutert Patanjali die Samyama-Technik ein bisschen konkreter. Er erklärt, dass wir ein tieferes Wissen über das Objekt unserer Meditation erfahren können, indem wir die drei Schritte des Samyama ausführen: Beobachtung, Konzentration und tiefe Meditation. Durch diese genaue Beobachtung des Objekts und das Verweilen im gegenwärtigen Moment können sich Einblicke und Erkenntnisse über vergangene und zukünftige Ereignisse erschließen.

17. śabda artha pratyayānām itaretarādhyāsāt saṅkaraḥ tatpravibhāga saṁyamāt sarvabhūta rutajñānam

„Objekt, Wort und Bedeutung neigen dazu, miteinander verwechselt zu werden. Die völlige Aufmerksamkeit auf die Unterscheidung zwischen ihnen bringt ein Verständnis über die Sprache aller Wesen"

Durch unsere Wahrnehmung entstehen ständig neue Eindrücke, die sich miteinander vermischen und somit oft nicht voneinander getrennt werden können. Vor allem aber die Bedeutung eines Eindrucks kann sehr unterschiedlich wahrgenommen werden, da jeder Mensch die Dinge anders beobachtet und seine eigenen Schlüsse daraus zieht. Aus diesen unterschiedlichen Wahrnehmungen ergeben sich wiederum verschiedene Ausdrucksweisen. Allein die Vorstellung daran, dass jeder unserer Gedanken mit Emotionen oder bestimmten Bildern verknüpft ist, die sich aus unseren Erfahrungen ergeben, sorgt für viel Verwirrung und wenig Klarheit.

Wenn wir jedoch frei von Urteil sind und die Dinge, die wir wahrnehmen, nicht mehr interpretieren, dann kommuniziert jedes Wesen gleichermaßen, es gibt weniger Missverständnisse und mehr Verständnis füreinander.

18. saṁskāra sākṣātkaraṇāt pūrvajātijñānam

„Durch die direkte Beobachtung unseres Ursprungs wird Wissen über frühere Leben gewonnen"

Patanjali greift an dieser Stelle erneut die Themen Wiedergeburt und Karma auf und erklärt, dass durch tiefe Meditation ein Einblick in frühere Leben offenbart werden kann. Somit kann der Praktizierende seinem Ursprung auf den Grund gehen und ihm werden die Ursachen für bestimmte Verhaltensmuster ersichtlich. Diese neugewonnenen Erkenntnisse können zwar hilfreich sein, um zukünftige Probleme und Fehler zu vermeiden, jedoch können sie ebenso zu Hindernissen werden, da sie alte Wunden aufreißen und durch notwendige Heilung unseren Weg zu Samadhi verlangsamen können. Zudem sind die Einblicke in vergangene Leben laut Patanjali nicht essenziell für die Erreichung der vollkommenen Erleuchtung.

19. pratyayasya paracittajñānam

„Durch die Konzentration auf die Wahrnehmung eines anderen erhalten wir einen Einblick in das Bewusstsein dieser Person"

Aufmerksames Zuhören ist für viele keine leichte Aufgabe. Viele Menschen nehmen zwar während eines Gespräches wahr, worüber das Gegenüber spricht, sind jedoch nicht mit ihrer vollen Aufmerksamkeit dabei und verlieren sich stattdessen in ihren eigenen Gedanken. Durch die tiefe Konzentration auf die Wahrnehmung einer anderen Person können wir den Kern unseres Gegenübers erkennen. Aufmerksames Zuhören bedeutet auch, sich in die Person hineinzuversetzen und Mitgefühl zu zeigen.

20. na ca tat sālambanaṁ tasya aviṣayī bhūtatvāt

„Ihre ursprüngliche Natur kann jedoch nicht identifiziert werden"

Durch dieses tiefe Mitgefühl und die Fähigkeit, eine Situation aus der Sicht einer anderen Person zu sehen und sich in diese hineinzuversetzen, können wir zwar Charaktereigenschaften erkennen und eine Vorstellung davon bekommen, um welche Art von Mensch es sich handelt, jedoch wird es uns nie möglich sein, den gesamten Verstand einer anderen Person zu identifizieren.

21. kāya rūpa saṁyamāt tadgrāhyaśakti stambhe cakṣuḥ prakāśa asaṁprayoge antardhānam

„Wenn Samyama in Form des eigenen physischen Körpers durchgeführt wird, werden die visuellen Eigenschaften des Körpers aufgehoben und somit für andere Menschen unsichtbar"

Der Praktizierende wird durch die Übung von Samyama nicht tatsächlich unsichtbar, jedoch sind der physische Körper und das Bewusstsein in diesem Zustand voneinander getrennt und die Wahrnehmung des physischen Seins verliert seine Wichtigkeit.

22. etena śabdādi antardhānam uktam

„Ebenso können durch Samyama andere Wahrnehmungen wie Hören, Riechen, Schmecken und Berühren aufgehoben werden"

Ebenso kann im Zustand von Samyama die Umgebung vollständig ausgeblendet werden, die der Praktizierende über seine Sinne wahrnimmt. Das bezieht sich sowohl auf Geräusche, die vielleicht sonst als störend und ablenkend empfunden werden, als auch auf Gerüche oder körperliches Unwohlsein und Schmerzen.

23. sopakramaṁ nirupakramaṁ ca karma tatsaṁyamādaparāntajñānamariṣṭebhyo vā

„Die Auswirkungen von Handlungen können unmittelbar oder langsam eintreten. Wenn man seine Handlungen mit perfekter Disziplin (Samyama) beobachtet, erhält man einen Einblick in sein Schicksal"

Das Karma ist zu jeder Zeit beständig. Die Reaktion auf eine Handlung muss nicht immer unmittelbar danach eintreten, sondern kann auch zu einem späteren Zeitpunkt noch wirkungsvoll sein. Genauso ist es auch mit bereits gespeichertem Karma aus vergangenen Leben. Die Reaktion muss nicht immer etwas mit der aktuellen Situation zu tun haben und kann uns auch nach langer Zeit noch beeinflussen. Durch perfekte Disziplin kann schlechtes Karma aufgelöst beziehungsweise positives aufgebaut werden. Durch tiefe Meditation auf Karma können wir einen Einblick in unser Schicksal erhalten und Wissen über unser Lebensende erlangen.

24. maitryādiṣu balāni

„Wenn man sich durch perfekte Disziplin auf Freundlichkeit, Mitgefühl, Freude und Gelassenheit konzentriert, ist man von ihrer Energie durchdrungen"

Einheit ist die Realität, Getrenntheit ist die Illusion. Die Erkenntnis darüber, dass wir alle miteinander verbunden und alle ein Teil desselben großen Ganzen sind, sollte ausnahmslos dazu führen, dass wir unseren Mitmenschen mit Freundlichkeit, Mitgefühl, Sympathie und Gelassenheit gegenübertreten. Nur wenn wir diese Eigenschaften zu unserer Grundeinstellung machen und jeden gleichermaßen behandeln, wird die gleiche Energie und Nächstenliebe auch wieder ihren Weg zu uns zurückfinden.

25. baleṣu hasti balādīni

„Wenn man sich durch Samyama auf die Kräfte eines Elefanten oder anderer Wesen konzentriert, gewinnt man diese Kräfte"

Hier steht der Elefant vielmehr als Beispiel für die außerordentlichen Kräfte, die der Praktizierende erlangen kann, wenn er Samyama übt. Nicht nur Elefanten, sondern auch viele andere Tiere besitzen Kräfte und Eigenschaften, die etwas Unnahbares und fast schon Majestätisches verkörpern. Diese Kräfte können wir gewinnen, indem wir das Potenzial entfachen, das bereits in uns steckt.

26. pravṛitti āloka nyāsāt sūkṣma vyavahita viprakṛṣṭajñānam

„Das Wissen über undeutliche, verborgene oder ferne Dinge wird erlangt, indem das innere Licht auf die höchsten Fähigkeiten des Geistes gerichtet wird“

Ganz egal, ob verborgene oder nicht offensichtliche Dinge – das universelle Bewusstsein liegt in jedem von uns verborgen und hat die Macht, Licht in jede Dunkelheit zu bringen. Der Verstand wird im Laufe der Yoga-Praxis feinsinniger und erkennt auch die Dinge, die nicht immer offensichtlich sichtbar sind. So können beispielsweise durch den physischen Ausdruck eines Menschen und die emotionale Reaktion auf eine bestimmte Situation Schlussfolgerungen darüber gezogen werden, was in der Person vorgeht, jedoch ist der eigentliche Auslöser nicht sichtbar und bleibt meist verborgen.

27. bhuvanajñānaṁ sūrye saṁyamāt

„Durch Samyama auf die Sonne erlangen wir Erkenntnis über das Sein“

Dieser Vers und die getroffene Aussage haben verschiedene Bedeutungen. Zum einen können Astronomen durch die Kenntnis über das Sonnensystem die Konstellation der Sterne verstehen, die in manchen Philosophien in engem Zusammenhang mit unseren Charaktereigenschaften stehen. Zum anderen geht es

Patanjali in Bezug auf die Sonne um unseren inneren Kosmos. Dabei steht die Sonne für die Seele, die uns zur Selbsterkenntnis führt. Sowohl unser innerer als auch der äußere Kosmos sind unendlich, woraus sich schließen lässt, dass Patanjali mit der Sonne Objekte der Meditation meint, die sich nicht in unserer direkten Umgebung befinden.

28. candre tārāvyūhajñānam

„Durch Samyama auf den Mond erhalten wir einen Einblick in die Positionen der Sterne"

Der Mond ist für seine außerordentlich starke Energie bekannt und wird in vielen verschiedenen Traditionen als Objekt der Meditation genutzt. Der Mond symbolisiert zudem den analytischen Geist in all seinen Bereichen, die durch die perfekte Meditation, Samyama, verstanden werden können.

29. dhruve tadgatijñānam

„Durch Samyama auf den Polarstern erhalten wir Wissen über die Bewegungen der Sterne"

Der Polarstern steht für den ewigen Geist, der beständig ist und um den sich alle anderen Dinge bewegen. Tiefe Rätsel lösen sich auf und Schleier werden gelüftet.

30. nābhicakre kāyavyūhajñānam

„Durch Samyama auf das Kraftzentrum des Rumpfes erlangen wir Kenntnis über die Anordnung des Körpersystems"

Nicht nur der äußere Kosmos oder Objekte in unserer äußeren Umgebung können als Gegenstände unserer Meditation dienen, sondern auch der Fokus auf unseren inneren Kosmos kann zum Kernpunkt unserer tiefen Konzentration werden. Damit ist jedoch nicht unsere Vorstellungskraft gemeint, sondern die bewusste Konzentration auf einen oder mehrere Körperteile. In vielen Praktiken werden die sogenannten Chakren, 7 Energiewirbel, die entlang unserer Wirbelsäule verlaufen, zum Objekt der Meditation. Das Nabelchakra liegt auf Höhe des Bauchnabels und bildet das Kraftzentrum des Rumpfes.

31. kaṇṭhakūpe kṣutpipāsā nivṛttiḥ

„Durch Samyama auf die Kehlgrube können Hunger und Durst gestillt werden"

Patanjali sagt, dass durch perfekte Konzentration die Sinne unter Kontrolle gebracht werden. Gleichermaßen gilt dies auch für die Kontrolle über das Hunger- und Durstgefühl. Dabei sind sowohl Hunger und Durst im physischen Sinne als auch auf emotionaler oder mentaler Ebene gemeint – der psychische Hunger und Durst nach Empfindungen und jeglichem Verlangen. Dieses Aktivitätszentrum liegt in der Kehlgrube und kann fokussiert werden, um Hunger und Durst auf allen Ebenen zu stillen.

32. kūrmanāḍyāṃ sthairyam

„Durch Samyama auf den Schildkrötenkanal erreichen wir Beständigkeit"

Der Schildkrötenkanal bezeichnet den Kanal, durch den unser Rückenmark und auch unsere Lebensenergie, Prana, verläuft. Wird der Fluss dieser Lebensenergie aufrechterhalten und nicht von Blockaden gestört, erreichen wir körperliche und mentale Stabilität.

33. mūrdhajyotiṣi siddhadarśanam

„Durch Samyama auf das Licht in der Krone des Kopfes erlangen wir die Perspektive der Vollkommenen"

An der Krone unseres Kopfes, dem höchsten Scheitelpunkt, befindet sich unser Kronenchakra. Es ist das Chakra, das mit unserem höheren Selbst verbunden ist und uns Einsichten ermöglicht, die weit über unseren normalen Bewusstseinszustand hinaus gehen. Hier besteht die Verbindung zu etwas Göttlichem, das größer ist als alles, was wir uns vorstellen können. Durch das Kronenchakra sind wir mit dem universellen Bewusstsein verbunden, welches uns zu unserem eigenen Ursprung und zu unserer wahren Natur zurückführt. Viele Yogis, die mit ihrer reinen Quelle verbunden sind, geben ihr Wissen an andere Praktizierende weiter, was diesen ermöglicht, das Leben aus einer völlig anderen und vollkommeneren Perspektive zu betrachten.

34. prātibhāt vā sarvam

„Samyama auf das Vollkommene bringt Allwissenheit"

Das Vollkommene ist das Göttliche, wie es Patanjali beschreibt. Durch perfekte Konzentration auf diese Vollkommenheit gelangen wir zu unserer göttlichen Intuition, die uns immer in die richtige Richtung lenkt und uns somit zur Allwissenheit führt. Die Intuition ist oft durch die Einwirkung des rationalen Verstandes getrübt, obwohl die Wahrheit immer unserer göttlichen Eingebung zugrunde liegt.

35. hṛdaye cittasaṃvit

„Durch Samyama auf das Herz verstehen wir die Natur des Bewusstseins"

Genauso rein wie unser wahres Bewusstsein ist auch unser Herz. Das Herz lenkt uns immer in die richtige Richtung, denn es weiß immer den richtigen Weg. Wenn wir uns darauf konzentrieren, was das Herz uns sagt, verstehen wir auch die wahre Natur unseres Bewusstseins.

36. sattva puruṣayoḥ atyantāsaṃkīrṇayoḥ pratyaya aviśeṣaḥ bhogaḥ parārthatvāt svārtha-saṃyamāt puruṣajñānam

„Weltliche Erfahrungen entstehen durch die Verwechslung von Reinheit des Seins und reinem Bewusstsein. Die Erkenntnis über das reine Bewusstsein resultiert aus Samyama auf Ereignisse, die sich auf das wahre Selbst statt auf äußere Begebenheiten beziehen"

Patanjali unterstreicht in diesem Vers erneut, dass die Übung der Fähigkeit, das reine Selbst von dem zu unterscheiden, was nur eine Illusion dessen ist, zum Mittelpunkt der perfekten Konzentration zu machen. So bedeutend der Fokus auf die anderen Objekte der vorherigen Sutras zu Samyama auch ist – dieses ist das wichtigste auf dem Weg zur Erleuchtung.

37. tataḥ prātibha śrāvaṇa vedana ādarśa āsvāda vārtāḥ jāyante

„Aus der höheren Erkenntnis dieses reinen Bewusstseins entsteht schöpferisches Hören, Sehen, Riechen, Schmecken und Fühlen"

Auch die Sinnesorgane erscheinen in einem neuen Licht und mit neuer Energie, wenn der Fokus auf das reine Bewusstsein ausgerichtet ist. Der gegenwärtige Moment wird als einzige Realität erkannt und es gibt kein Gefühl von Mangel mehr.

38. te samādhau upasargāḥ vyutthāne siddhayaḥ

„Diese schöpferischen Sinnesgaben mögen sich wie Errungenschaften anfühlen, lenken jedoch von der Erreichung eines inneren, erleuchteten Zustands ab"

Patanjali warnt jedoch davor, dass diese neugewonnenen Kräfte der Sinnesorgane zu Hindernissen werden könnten. Diese Errungenschaft sollte nicht als Erreichung des Ziels gesehen werden, sondern lediglich als Hilfsmittel auf dem Weg zur Erleuchtung dienen.

39. bandhakāraṇa śaithilyāt pracāra saṃvedanāt ca cittasya paraśarīrāveśaḥ

„Durch das Loslassen der Anhaftung an den physischen Körper kann Bewusstsein in den Körper eines anderen gelangen"

Die Anhaftung an den physischen Körper und die daraus resultierende Identifikation damit bedeutet auch, dass wir unseren Geist und Körper als ein und dasselbe betrachten. Unser Geist ist jedoch frei und völlig unabhängig von dem Körper, der ihn umgibt, während er ihn als eine Art Hülle oder als seinen Aufenthaltsort nutzt. Der Geist kann also demnach auch in jeden anderen beliebigen Körper eintreten. Wenn wir diesen Vers jedoch aus einer anderen Perspektive interpretieren, die etwas besser nachzuvollziehen ist, könnte man sagen, dass es Patanjali ebenfalls um Einfühlungsvermögen und um die Fähigkeit, sich in andere Menschen hineinzuversetzen, geht.

40. udānajayāt jala paṇka kaṇṭakādiṣu asaṇgaḥ utkrāntiḥ ca

„Durch die Beherrschung der aufwärts fließenden Energie durch Nacken und Kopf kann der Praktizierende über sämtliche Hindernisse wie Wasser, Schlamm und Dornen schweben, ohne mit ihnen in Berührung zu kommen"

Der Vers spielt auf die Kontrolle über all unsere Sinne an und die durch tiefe Meditation erlangte Schmerzunempfindlichkeit. Wir können unsere körperlichen Sinne über die Energie unseres Geistes steuern. Diese aufwärts fließende Energie wird als „Udana" bezeichnet und kann zum Beispiel durch die Kontrolle der Atmung reguliert werden. Diese Kontrolle der Atmung sorgt dafür, dass das äußere Energiefeld gestärkt wird und der Körper von sämtlichen Hindernissen unberührt bleibt.

41. samānajayāt jvalanam

„Durch die Beherrschung der fließenden Energie durch den Solarplexus kommt es zu einer glänzenden Ausstrahlung"

Die Energie, die durch den Solarplexus fließt, ist für die physische und psychische Verdauung verantwortlich und führt obendrein zu einer besonders warmen und glänzenden Ausstrahlung. Über die Beherrschung dieser Energie kann der Yogi seine Körperwärme selbst regulieren und ihn vor äußeren Kälteeinflüssen schützen.

42. śrotra ākāśayoḥ saṃbandha saṁyamāt divyaṁ śrotram

„Durch Samyama auf das Verhältnis von Raum und Ohr entsteht göttliches Hörvermögen"

Unser Hörvermögen spielt während unserer Meditation eine bedeutende Rolle, da wir durch die Konzentration auf ein äußeres Objekt, wie ein Mantra, unseren Hörsinn trainieren oder aber durch den Fokus auf unser Inneres die Kontrolle über das Gehör erreichen, um alle Geräusche in unserer Umgebung vollständig auszublenden. Durch den Fokus auf das, was wir hören, trennt sich das Gehör vom Raum und der Klang ist unendlich.

43. kāya ākāśayoḥ saṁbandha saṁyamāt laghutūlasamāpatteḥ ca ākāśagamanam

„Durch Samyama auf die Beziehung zwischen Körper und Raum und die Konzentration auf Leichtigkeit entsteht die Fähigkeit, sich leicht durch den Raum zu bewegen"

Durch die perfekte Konzentration ist es erfahrenen Yogis möglich, aus ihrem physischen Körper auszutreten und die Welt nur noch über das reine Bewusstsein wahrzunehmen.

44. bahiḥ akalpitā vṛttiḥ mahāvidehā tataḥ prakāśa āvaraṇakṣayaḥ

„Durch Samyama auf äußere Begebenheiten und Gedankenwellen sind wir befähigt, außerhalb unseres physischen Körpers zu existieren und den Schleier des Lichts zu lüften"

Durch diese Übung kann der Praktizierende auch außerhalb seines physischen Körpers existieren, jedoch trotzdem weiterleben. In diesem Zustand sind wir frei vom Ego und das reine Bewusstsein ist erleuchtet.

45. sthūla svarūpa sūkṣma anvaya arthavatva saṁyamāt bhūtajayaḥ

„Durch Samyama auf die groben, subtilen Formen der Elemente sowie auf deren Verbundenheit und Funktionen erfolgt die Beherrschung dieser Energien"

Wenn wir unser Objekt der Meditation in all seinen Formen und ganz bewusst wahrnehmen, dann erreichen wir gleichzeitig auch die Kontrolle darüber. Die Atmung ist dafür ein sehr gutes Beispiel. Wenn wir jeden Atemzug in seiner Länge und Intensität und all seinen anderen Eigenschaften wahrnehmen, dann profitieren wir von all den positiven Energien, die durch unseren Körper fließen.

46. tataḥ aṇimādi prādurbhāvaḥ kāyasaṁpat tad-dharma anabhighātaḥ ca

„Durch die Beherrschung dieser Elemente wird es möglich, den Körper atomar klein, perfekt und unzerstörbar in seinen Eigenschaften und Bestandteilen zu machen"

Die Eigenschaften, die Patanjali in diesem Vers beschreibt, sind eher metaphorisch gemeint. Es geht dabei nicht um Superkräfte, sondern vielmehr darum, seine wahre Größe zu erkennen oder seine wahren Stärken dafür zu nutzen, um im Leben etwas Gutes zu tun.

47. rūpa lāvaṇya bala vajra saṁhananatvāni kāyasaṁpat

„Diese Perfektion beinhaltet Schönheit, Anmut, Stärke und die Beständigkeit eines Diamanten gegen kommende Anstrengungen"

Durch die Praxis von Yoga und die Beherrschung unserer Sinne können die inneren Stärken entfacht werden und der Praktizierende wird selbstsicher und selbstbewusst. Diese Selbstsicherheit strahlt er nach außen aus und zieht weitere positive Energien an. Hier ist das Sprichwort „Du strahlst von innen" ein sehr schönes Beispiel, um die Bedeutung des Verses zu verdeutlichen. Wir werden durch eine regelmäßige Praxis leistungsfähiger und erreichen einen besseren gesundheitlichen Zustand, der uns jung und fit hält.

48. grahaṇa svarūpa asmitā anvaya arthavattva saṁyamāt indriyajayaḥ

„Durch den direkten Blick auf den Wahrnehmungsprozess, die eigene Natur und den Zweck der Wahrnehmung wird ein vollständiges Verständnis dafür geschaffen, wie Bewusstsein entsteht“

Wenn wir uns als Beobachter unserer eigenen Wahrnehmung versuchen, lernen wir, zu verstehen, woher unsere Wahrnehmung kommt und warum wir das sehen, was wir sehen. Wir erkennen auch, woher unser Urteil kommt und welche Emotionen vielleicht mit unserem Wahrnehmungsprozess verbunden sind. Somit erkennen wir auch, welche Rolle unser Ego spielt und können dieses erkennen und seine Existenz aufdecken.

49. tataḥ manojavitvaṁ vikaraṇabhāvaḥ pradhānajayaḥ ca

„Durch diese Beherrschung der Sinne und Handlungen gewinnt der Geist die Fähigkeit, Dinge schnell zu erkennen, ohne andere Sinne zu nutzen, was zur vollständigen Kontrolle über das manifestierte Sein führt“

Wenn wir es durch tiefe Meditation schaffen, unsere Sinne vollständig zu kontrollieren, wird unsere Wahrnehmung nicht länger von Gedanken, Emotionen oder anderen Anhaftungen beeinflusst. Wir sehen nur noch das, was wirklich ist, ohne es zu beurteilen oder verändern zu wollen.

50. sattva puruṣa anyatā khyātimātrasya sarvabhāva adhiṣṭhātṛtvaṁ sarvajñātṛtvaṁ ca

„Für diejenigen, die die Erkenntnis über den Unterschied zwischen dem reinsten Aspekt des Geistes und dem Bewusstsein selbst erlangt haben, gilt die Herrschaft über alle Formen der Existenz und alles Wissen"

Um diesen Vers kurz und verständlich zu erklären, muss eine ganz bedeutende Sache erkannt werden: Wir sind nicht das, was wir wahrnehmen, sondern das, was wahrnimmt. Wir sind der Beobachter, und nicht das, was vom Beobachter gesehen wird. Wenn wir das erkennen, identifizieren wir uns nicht länger mit dem Gesehenen.

51. tadvairāgyāt api doṣabījakṣaye kaivalyam

„Nur ohne die Anhaftung an diese Herrschaft über alle Formen der Existenz und der Allwissenheit wird die Grundursache des Keims zerstört und die absolute Befreiung kann erreicht werden"

Bevor wir die vollkommene Erleuchtung erreichen können, müssen wir uns von jeglichen Anhaftungen befreien. Das bedeutet, dass wir uns weder mit unseren Gedanken noch mit unseren Emotionen oder unserer physischen Existenz identifizieren und erkennen, dass wir getrennt von unserem Ego sind. Auch das Verständnis darüber, dass alles und jeder universell miteinander verbunden ist und dass wir uns nicht mehr als Individuum wahrnehmen, ist ein Schritt, um die Selbstverwirklichung zu erreichen. All das ist mit der Ursache des Keims gemeint.

52. sthānyupanimantraṇe saṅgasmayākaraṇaṁ punaraniṣṭa prasaṅgāt

„Selbst wenn die höheren Kräfte uns in Versuchung führen, müssen wir standhaft bleiben, damit wir nicht erneut mit den unerwünschten Dingen in Berührung kommen"

Hindernisse werden uns auf dem Weg zur Erleuchtung immer wieder begegnen. Den Unterschied macht nur, wie wir mit diesen umgehen.

Wenn wir unsere Übung konstant aufrechterhalten, schwindet die Gefahr, dass wir in alte Verhaltensmuster zurückfallen und uns wieder mit dem Wahrgenommenen identifizieren.

53. kṣaṇa tatkramayoḥ samyamāt vivekajam jñānam

„Durch Samyama auf jeden einzelnen Moment und den darauffolgenden kommt die höhere Erkenntnis über das, was wirklich real ist"

Je häufiger wir den gegenwärtigen Moment bewusst wahrnehmen, desto häufiger kommen wir auch in Berührung mit der wahren Realität. Denn wie Patanjali immer betont, findet alles im Hier und Jetzt statt. Es existiert weder die Vergangenheit noch die Zukunft. Alles passiert in der Gegenwart.

54. jāti lakṣaṇa deśaiḥ anyatā anavacchedāt tulyayoḥ tataḥ pratipattiḥ

„Aufgrund dieser Fähigkeit können zwei scheinbar identische Dinge und Ereignisse unterschieden werden, die dieselben Merkmale, Eigenschaften oder dieselbe Position aufweisen"

Je achtsamer und bewusster wir also jeden einzelnen Moment wahrnehmen, desto besser können wir auch unterscheiden, wann wir gegenwärtig sind und wann nicht. Erst wenn wir das Hier und Jetzt erlebt haben, erkennen wir, wenn wir uns nicht darin befinden.

55. tārakaṁ sarvaviṣayaṁ sarvathāviṣayaṁ akramaṁ ca iti vivekajaṁ jñānam

„Dieses höchste Wissen ist transzendent. Es bezieht sich auf alle Objekte, alle Wesen und alle Zeiten“

Sind wir im gegenwärtigen Moment anwesend und können zwischen Wirklichkeit und Illusion unterscheiden, verlieren Raum und Zeit ihre Wichtigkeit. Alles wird auf gleiche Weise und in gleicher Form wahrgenommen und alles ist miteinander verbunden.

56. sattva puruṣayoḥ śuddhi sāmye kaivalyam iti

„Absolute Freiheit ist, wenn die Reinheit des Seins mit dem reinen Sein übereinstimmt“

Wenn wir unsere wahre und reine Natur erkennen und auch die Trennung zwischen uns als Individuum und der universellen Ganzheit aufgelöst ist, erreichen wir die absolute Freiheit. Unser Bewusstsein ist von allen Anhaftungen befreit und kann in seiner reinsten Form existieren.

KAPITEL IV

KAIVALYA PADA – Befreiung

Das erste Kapitel führte uns auf die fünf Pfade der Perfektion. Die letzten beiden Kapitel führten uns durch die acht Glieder des Ashtanga-Yoga und das vierte und letzte Kapitel soll uns nun durch die mentalen Details zum selben Ort führen. Es gibt viele Wege zu den besonderen Kräften. Die Qualitäten, die all diese Wege besitzen, stammen jedoch aus ein und derselben Quelle. All diese Methoden müssen mit viel Zuneigung und Hingabe aufrechterhalten werden.

Kaivalya Pada ist das vierte und letzte Kapitel des Yoga Sutra und befasst sich mit der Loslösung und Befreiung von jeglichem Leid. Das Kapitel beschreibt den Aufbau des menschlichen Verstandes und wie er den Blick auf die wahre Natur des Selbst verschleiern kann. Patanjali erklärt, wie der Praktizierende, der sich auf dem Weg des Yogas befindet, sein Bewusstsein von all den Gedankenströmen befreien kann, um das wahre Selbst in seiner reinsten Form zu erleuchten und in dieser Erleuchtung ruhen zu lassen.

Das Kapitel beschreibt zudem den Zustand eines Yogis, der sich von allen Fesseln befreit und somit die endgültige Befreiung erreicht hat.

1. janma auṣadhi mantra tapaḥ samādhijāḥ siddhayaḥ

„Die Errungenschaften der Zusammenführung können bei der Geburt durch die Verwendung von Kräutern, Mantras, Konzentration oder tiefe Meditation erreicht werden"

Im ersten Vers des vierten Kapitels erklärt Patanjali, dass es durchaus möglich ist, dass einigen Menschen die übernatürlichen Kräfte von Geburt an gegeben sind, diese sich jedoch nicht darüber bewusst sind. Die Verwendung von Kräutern spielt hierbei auf Rauschzustände durch Drogen an, die durch ihre Wirkung unterschiedliche Bewusstseinszustände hervorrufen können oder bewusstseinserweiternd wirken. Auch ein Mantra kann durch seinen Klang bestimmte Schwingungen auslösen, die kräfteweckend auf den Praktizierenden wirken.

Die gleichen Auswirkungen können jedoch auch Konzentration und tiefe Meditation haben. Wenn der Praktizierende tiefe Meditation meistert und erkennt, dass all die Qualitäten für die endgültige Erleuchtung bereits in ihm verborgen liegen, dann kann er in seinem Ursprung verweilen, ohne durch andere Hilfsmittel und Methoden einen ähnlichen Zustand hervorrufen zu wollen.

2. jātyantara pariṇāmaḥ prakṛtyāpūrāt

„Ein Wechsel von einem Zustand oder einer Art des Seins in eine/n andere/n erfolgt durch das Ausfüllen der angeborenen Natur“

Obwohl sich die Welt ständig verändert, bleiben die Ursprünge und Energien der Natur immer erhalten und beständig. Selbst wenn eine Lebensform sich in eine andere umwandelt, bleiben die Ressourcen der Natur in ihrer ursprünglichen Form erhalten.

3. nimittaṁ aprayojakaṁ prakṛtīnāṁ varaṇabhedaḥ tu tataḥ kṣetrikavat

„Zufällige Ursachen oder Handlungen führen nicht zu Errungenschaften oder Verwirklichungen, sondern entstehen durch das Beseitigen von Hindernissen“

Auf manche Dinge im Leben haben wir keinen Einfluss und sie geschehen ohne jegliche Fremdeinwirkung. Wir können immer nur das beeinflussen, was uns selbst, unser Inneres betrifft. Wir haben die Kontrolle und Entscheidungsmacht über unser Handeln und den Umgang mit den daraus resultierenden Konsequenzen, jedoch betrifft das nur die Dinge, die wir auch selbst verursacht haben. Die Welt dreht sich weiter und die Natur nimmt weiterhin ihren Lauf. Patanjali beschreibt das Ganze anhand der Arbeit eines Bauern, der durch sein eigenes Handeln und die Bewässerung und Pflege seiner Pflanzen den Fortschritt und das Wachstum unterstützen kann, jedoch keinerlei Einfluss auf die Umstände der Natur hat.

4. nirmāṇacittāni asmitāmātrāt

„Alle aufkommenden Gedanken sind nur Ergebnisse des Egos"

Patanjali greift in diesem Vers erneut die Tatsache auf, dass die meisten Menschen sich mit ihren Gedanken, Emotionen und ihrem physischen Körper identifizieren und sich als Individuum sehen, anstatt zu erkennen, dass nichts und niemand voneinander getrennt ist. Alles ist verbunden und niemand ist mehr wert als jemand anderes, nur weil er mehr besitzt. Der ständige Vergleich mit anderen Menschen, das krampfhafte Streben nach Erfolg und die Identifikation mit äußeren Umständen sind der Hauptgrund für das menschliche Leid und die Anhaftung an das Ego.

5. pravṛtti bhede prayojakaṁ cittam ekam anekeṣām

„Obwohl die Aktivitäten der aufstrebenden Geistesfelder unterschiedlich sein können, ist alles auf den gleichen Ursprung zurückzuführen"

Jeder von uns ist auf seine eigene Art und Weise einzigartig und doch sind wir am Ende alle gleich. Am Ende sind wir alle durch das eine universelle Bewusstsein miteinander verbunden. Wir unterscheiden uns lediglich durch unsere Überzeugungen, Handlungen und Fähigkeiten. Der Praktizierende muss erkennen, dass er ein Teil dieses großen Ganzen, des universellen Bewusstseins, ist und nicht nur als Einzelmensch existiert.

6. tatra dhyānajam anāśayam

„Sobald das Bewusstsein in der meditativen Absorption verankert ist, ist es frei von latenten Eindrücken"

Sind wir in einem Zustand der perfekten Konzentration oder der tiefen Meditation angekommen, sind wir frei von Anhaftung, Wünschen, dem Verlangen nach Besitz und dem Stillen unserer Begierden. Erreicht jemand diesen Zustand durch die Anwendung anderer Methoden oder durch Demütigungen anderer, wird das Verlangen niemals gestillt sein und jede Form von Anhaftung bleibt bestehen. Diese Erklärung bezieht sich zudem auch auf das Karma eines jeden Menschen. Ein Ereignis oder eine Ursache zieht immer eine Wirkung nach sich, die den weiteren Lebensweg auf allen Ebenen beeinflusst.

7. karma aśukla akṛṣnaṁ yoginaḥ trividham itareṣām

„Die Motive hinter den Handlungen eines Erleuchteten sind weder Dinge der Dunkelheit noch Dinge des Lichts. Andere werden von drei Kräften zu ihrem Handeln getrieben“

Jemand, der durch tiefe Meditation den Zustand der Erleuchtung erreicht hat, handelt nie aus einem selbstsüchtigen Zweck oder um anderen zu schaden. Ein Yogi sieht ein Hindernis nicht als ein solches an, sondern erkennt es als eine Situation, die einen bestimmten Grund hat und ihm etwas lehren soll. Ein Yogi ist frei von Urteil. Für ihn gibt es weder schwarz noch weiß, weder richtig noch falsch, weder positiv noch negativ.

8. tataḥ tadvipāka anuguṇānām eva abhivyaktiḥ vāsanānām

„Jede Handlung wird verwirklicht, indem latente Eindrücke entsprechend ihrer Qualität eingefärbt werden - gut, böse oder beides“

Das Gesetz von Ursache und Wirkung (Karma) lehrt uns, dass auf all unsere Handlungen auch entsprechend eine Reaktion folgt. Das gilt auch für Gedanken und Wünsche, die wir häufig wiederholen und somit in unserem Bewusstsein manifestieren – ganz gleich, ob diese guter, schlechter oder vollkommen neutraler Natur sind. Ist dieser Wunsch mit einer Emotion und einer festen Überzeugung verbunden, ziehen wir seine Wirkung zu einem späteren Zeitpunkt regelrecht in unser Leben. Diese Handlung kann sich ganz bewusst, aber auch völlig unbewusst manifestieren.

9. jāti deśa kāla vyavahitānām api ānantaryaṁ smṛti saṁskārayoḥ ekarūpatvāt

„Weil das Tiefengedächtnis und seine latenten Eindrücke von einem Stück sind, fließt ihre Dynamik von Ursache und Wirkung ununterbrochen über die Grenzen von Geburt, Ort und Zeit"

Unser Handeln und die daraus resultierenden Konsequenzen sind unabhängig von Zeit und Ort und müssen ihren Ursprung nicht unmittelbar in unserem gegenwärtigen Leben haben. So müssen wir uns vielleicht in der Gegenwart mit den Konsequenzen auseinandersetzen, die ursprünglich durch das Handeln in einem früheren Leben entstanden sind. Es bedeutet ebenso wenig, dass unsere Handlung auch in gleicher Weise wieder zu uns zurückkommt – sie kann sich auch in einer ganz anderen Form äußern, die mit dem eigentlichen Geschehen nichts zu tun hat. Es ist also völlig egal, wann und wie unser Karma entsteht, solange sich der Mensch darüber bewusst ist, dass es eine Wirkung nach sich ziehen wird.

10. tāsām anāditvaṁ ca āśiṣaḥ nityatvāt

„Sie haben immer existiert, da der Wunsch, sich dem Sein hinzugeben, ewig besteht“

Jeder Erfahrung geht der Wunsch voraus, glücklich zu werden. Es ist unmöglich, zu erfahren, wo dieser Wunsch begonnen hat, genauso ist der Weg zur Erleuchtung und vollkommener Zufriedenheit ewig beständig und für manche Menschen endlos.

11. hetu phala āśraya ālambanaiḥ saṅgṛhītatvāt eṣām abhāve tad abhāvaḥ

„Da Ursache, Wirkung, Grundlage und Gegenstand untrennbar miteinander verbunden sind, verschwindet der latente Eindruck“

12. atīta anāgataṁ svarūpataḥ asti adhvabhedāt dharmāṇām

„Sowohl Vergangenheit als auch Zukunft existieren auf ihre eigene Art und Weise in der Gegenwart, obwohl sie unterschiedliche Eigenschaften haben“

Die Tatsache, dass wir uns ständig weiterentwickeln und ganz unterschiedliche Lebenssituationen durchleben, lässt uns daran glauben, dass all diese Dinge in verschiedenen Zeitabschnitten stattfinden. So ergibt sich der Glaube an eine Vergangenheit und eine Zukunft. Die wahre Realität ist jedoch unabhängig von Zeit und Raum und findet immer nur im Hier und Jetzt statt. Trotzdem existiert die Vergangenheit in uns, weil wir unsere Erinnerungen an Erlebnisse damit verbinden. Das macht die Illusion von Zeit auch in der Gegenwart existent, obwohl es sich dabei nach wie vor um eine Illusion handelt.

13. te vyakta sūkṣmāḥ guṇātmānaḥ

„Unabhängig davon, ob diese allgegenwärtigen Eigenschaften offenkundig oder subtil sind, bestehen sie aus drei primären Elementen (Gunas)"

Diese Elemente werden Gunas genannt. Das Konzept dieser Elemente besagt, dass alles, was wir in der physischen Welt wahrnehmen oder erfahren, durch diese drei Kräfte beeinflusst wird. Dazu gehört „Tamas", welche unseren Blick auf die Wirklichkeit verschleiert und für Trägheit steht, „Rajas", die für Unruhe und Rastlosigkeit steht und „Sattva", welche für Klarheit und Ausgeglichenheit steht und uns dabei hilft, das wahre Selbst zu erkennen.

14. pariṇāma ekatvāt vastutattvam

„Die tatsächliche Zusammensetzung eines Objekts basiert auf der Einzigartigkeit der Transformation"

All diese Eigenschaften der drei Elemente finden sich auch in jedem Objekt wieder. Dennoch besteht jedes Objekt aus einer einzigartigen Zusammensetzung, was die Objekte dann am Ende voneinander unterscheidet. Das bezieht sich auch auf unsere Gedanken und Emotionen. Jeder Mensch ist auf seine Weise einzigartig, weil er aus unterschiedlichen Zusammensetzungen von Eigenschaften besteht. Dennoch bleibt zu beachten, dass wir alle aus der gleichen Quelle stammen und nur durch unsere Wahrnehmung geformt werden.

15. vastusāmye cittabhedāt tayoḥ vibhaktaḥ panthāḥ

„Menschen nehmen dasselbe Objekt unterschiedlich wahr, da auch die Wahrnehmung jeder Person unterschiedlich ist"

Die Kernaussage dieses Sutras ist die Entstehung von Urteil durch die verschiedenen Wahrnehmungen durch verschiedene Personen. Jeder von uns nimmt ein und dasselbe Objekt unterschiedlich wahr und verbindet eine Emotion damit. Die menschliche Wahrnehmung ist in gewisser Weise immer mit Vorurteilen verbunden, die sich durch Emotionen, Gedanken und durch daraus entstehende Überzeugungen erschließen. Während die eine Person sich an einem ruhigen Ort sehr wohl fühlt und entspannen kann, ist das Alleinsein und die Ruhe für jemand anderen vielleicht mit Ängsten verbunden. Kaum jemand nimmt ein Objekt in seiner reinen Form wahr, ohne es zu bewerten.

16. na ca ekacitta tantraṁ ced vastu tat apramāṇakaṁ tadā kiṁ syāt

„Wenn ein Objekt für seine Existenz von nur einem Verstand abhängig wäre, dieser es aber nicht wahrnehmen würde, würde es dann existieren?"

Dies ist eine Weiterentwicklung des Gedankens des vorherigen Sutras. Es bedeutet nicht, dass ein Objekt nicht existiert, nur weil es von niemandem wahrgenommen wird oder niemand daran denkt. Damit spielt Patanjali ebenfalls darauf an, dass es keinen Sinn macht, die Augen vor etwas zu verschließen, das wir nicht sehen wollen beziehungsweise mit dem wir uns nicht auseinandersetzen wollen. Das gilt sowohl für unsere Gedanken und Emotionen als auch für jegliche Form von Leid.

17. taduparāga apekṣitvāt cittasya vastu jñāta ajñātam

„Ob ein Objekt bekannt oder unbekannt ist, hängt von der individuellen Einstellung, den Vorurteilen und Erwartungen eines Menschen ab"

Unser Verstand nimmt die Dinge so wahr, wie er sie wahrnehmen möchte, alles andere geht meist völlig unbemerkt an uns vorbei. Häufig nehmen wir vor allem die Dinge wahr, die wir als störend empfinden. Während für den einen Menschen ein bestimmtes Geräusch, wie zum Beispiel das Läuten einer Kirchenglocke, als Lärm wahrgenommen wird, sind andere so an diesen Klang gewöhnt, dass er ihnen gar nicht mehr auffällt. Mit bekannt und unbekannt sind außerdem mit einem Objekt verbundene Erinnerungen oder Emotionen gemeint. Der Verstand erkennt ein Objekt nur dann, wenn er etwas damit verbindet.

18. sadā jñātāḥ cittavṛttayaḥ tatprabhoḥ puruṣasya apariṇāmitvāt

„Alle Bewegungen des Verstandes sind dem höheren Bewusstsein immer bekannt, da es selbst unveränderlich ist"

Das höhere Bewusstsein erkennt jedes Objekt in seiner reinen Form, ganz egal, ob bekannt oder unbekannt. Unser Verstand hingegen ist gelenkt/abgelenkt von unseren Gefühlen, Zweifeln, Sorgen, von unserer Glückseligkeit, unserem Leid und vielem mehr. All diese Dinge formen unsere Persönlichkeit, die jedoch hingegen vieler Annahmen nicht unserem wahren Selbst entspricht, sondern einzig und allein einem Schauspiel, das von unserem wahren Selbst beobachtet wird. Wir können lernen, unsere Persönlichkeit zu kontrollieren, indem wir sie möglichst aus allen Blickwinkeln als eine außenstehende Person betrachten und beobachten. Dann, wenn wir all die Ströme in unserem Geist durch ganz bewusste Beobachtung wahrnehmen, sehen wir ein Objekt in seiner reinen Form und ohne jegliche Anhaftung oder Verunreinigung durch unsere Emotionen.

19. – 20. na tat svābhāsaṁ dṛśyatvāt; ekasamaye ca ubhaya anavadhāraṇam

„Der Verstand erleuchtet sich nicht von selbst, da er Gegenstand der Erkenntnis und Wahrnehmung des reinen Bewusstseins ist";

„Darüber hinaus können Geist und Erleuchtungsprozess nicht gleichzeitig wahrgenommen werden"

Wenn der Verstand selbsterleuchtend wäre, dann könnte er alle Dinge zur gleichen Zeit wahrnehmen, was jedoch nicht der Fall ist. Das reine Bewusstsein kann immer nur einer Sache zur gleichen Zeit seine vollkommene Aufmerksamkeit schenken. Sobald es sich auf ein anderes Objekt richtet, verliert es das vorher wahrgenommene. Wenn der Geist sich also selbst erleuchten könnte, würde das bedeuten, dass es keine Grenze für die Eindrücke gäbe, die er empfangen könnte. Alles, was außerhalb des Objekts der Betrachtung passiert, wird vom Unterbewusstsein aufgenommen und verarbeitet. Daher ist es während der Meditationspraxis auch von essenzieller Bedeutung, dass der Praktizierende sich nur auf ein ganz bestimmtes Objekt konzentriert, um zu verhindern, dass er von anderen Eindrücken abgelenkt wird.

21. cittāntaradṛśye buddhibuddheḥ atiprasaṅgaḥ smṛtisaṅkaraḥ ca

„Wenn ein Mensch in der Lage wäre, direkt in das Bewusstsein eines anderen Menschen hineinzusehen, würde es zu einem unendlichen Austausch der Wahrnehmungen kommen, was zu einer Verwirrung der Erinnerungen führen würde"

Wenn wir den Verstand eines anderen Menschen sehen und vollständig verstehen könnten, dann würde es zu einer endlosen Aneinanderreihung von wahrnehmenden Gedanken kommen. Auch die Erinnerungen würden sich miteinander vermischen und den Blick auf das eigene und wahre Selbst erschweren.

22. citeḥ apratisaṁkramāyāḥ tadākārāpattau svabuddhisaṁvedanam

„Wenn das unveränderliche Bewusstsein die Form des feinsten Aspekts des Verstandes annimmt, ist die Erfahrung des eigenen Erkenntnisprozesses möglich"

Wenn wir aufhören, uns mit unseren Gedanken zu identifizieren, uns nicht von anderen Eindrücken ablenken lassen und in einen Zustand der Ruhe des Geistes eintreten, erreichen wir Selbsterkenntnis und Selbstverständnis in seiner reinsten Form. Nur in diesem Zustand der Ruhe ist es uns möglich, unsere wahre Natur zu erkennen.

23. draṣṭṛ dṛśya uparaktaṁ cittaṁ sarvārtham

„Dann erreicht das Bewusstsein, das sowohl vom Seher als auch vom Gesehenen beeinflusst wird, das Potenzial, alle Objekte wahrzunehmen"

Der Beobachter, der wir sind, kann ein Objekt nur in seiner wahren Form erkennen, wenn er die Illusion bereits erkannt hat. Die wahre Natur ist verschleiert von materiellen Dingen, von Dingen, die wir gehört und gesehen oder gefühlt und geschmeckt haben.

Durch all unsere Sinne entstehen Bilder in unserem Kopf, die wir für die Realität halten. Jedes dieser Bilder erzeugt ein weiteres Bild. Dies kann nur dann ein Ende haben, wenn wir Realität und Illusion voneinander unterscheiden können und jedes Objekt in seiner reinen Form wahrnehmen.

24. tat asaṅkhyeya vāsanābhiḥ citram api parārthaṁ saṁhatyakāritvāt

„Auch wenn das Bewusstsein durch unzählige latente Merkmale gekennzeichnet ist, hat es wie alle zusammengesetzten Erscheinungen einen anderen Zweck – dem Bewusstsein zu dienen"

25. viśeṣadarśinaḥ ātmabhāva bhāvanānivṛttiḥ

„Sobald man zwischen Bewusstsein und Gewahrsein, also der Realität, unterscheiden kann, vergeht das Verlangen nach Selbstverwirklichung"

Wenn wir unser wahres Selbst erkennen und uns nicht mehr mit unseren Gedanken und Emotionen identifizieren, bedeutet das gleichzeitig, dass wir zwischen Realität und Illusion unterscheiden können. Es bedeutet zwar nicht, dass unsere Erinnerungen und die damit verbundenen Emotionen verschwinden, jedoch nehmen wir diese nicht mehr als störend oder beklemmend wahr. Haben wir die vollständige Ruhe unserer Gedankenströme erreicht, sehen wir die wahre Natur und verlieren gleichzeitig das Verlangen danach, uns selbst zu verwirklichen.

26. tadā hi vivekanimnaṁ kaivalya prāgbhāraṁ cittam

„Dann neigt der Verstand zur Diskriminierung und tendiert zur absoluten Befreiung"

So führt das Üben von Yoga zu einer Unterscheidungskraft, zu einer klaren Sicht. Der Schleier wird gelüftet und wir können die Dinge so sehen, wie sie wirklich sind.

27. tat cchidreṣu pratyayāntarāṇi saṁskārebhyaḥ

„Brüche im diskriminierenden Bewusstsein bringen ablenkende Gedanken aus dem tiefsten Unterbewusstsein zum Vorschein"

Eines der größten Hindernisse für jeden Praktizierenden ist der Glaube daran, dass sie das reine Bewusstsein erkannt haben und nun erleuchtet sind. Sie glauben, dass sie nun befreit sind und dass sie keine Übung mehr benötigen. Das ist der Grund dafür, dass viele in ihre alten Verhaltensmuster zurückfallen und sie sich wieder mit den gewöhnlichen Gedankenströmen und Emotionen identifizieren. Gerade in alltäglichen Situationen, die unterbewusste Ängste und Sorgen hervorrufen können, verlieren viele Praktizierende den Überblick darüber, was nun der Realität entspricht und was reine Illusion ist.

28. hānam eṣāṁ kleśavat uktam

„Diese Ablenkungen werden genauso beseitigt, wie auch die Ursachen des Leidens beseitigt werden"

Diese neuen, aber auch bereits bekannten Hindernisse müssen durch ständige Übung und Erneuerung dieser Übung überwunden werden, ganz egal, welchen Lebenssituationen wir begegnen. Diese Hindernisse hat Patanjali zuvor bereits als die Ursachen des Leidens beschrieben, welche nur durch Selbsterkenntnis beseitigt werden können.

29. prasaṁkhyāne api akusīdasya sarvathā vivekakhyāteḥ dharmameghaḥ samādhiḥ

„Diejenigen, die keinen Gewinn an materieller Natur sehen, erreichen die ununterbrochene und mühelose Verbindung der Aufmerksamkeit auf die höhere Realität, die in der Natur als Wolke nicht zurückführbarer Erfahrungssubstanzen betrachtet wird"

30. tataḥ kleśa karma nivṛttiḥ

„Diese Erkenntnis beseitigt sowohl die Ursachen des Leidens (Kleshas) als auch den Kreislauf von Ursache und Wirkung (Karma)"

Mit der absoluten Befreiung werden gleichzeitig auch alle Ursachen für Leid, der Kreislauf des Karmas und sämtliche andere Anhaftungen beseitigt. Der Praktizierende ist befreit von Ego und kann auf seinem Weg ungestört fortschreiten.

31. tadā sarva āvaraṇa malāpetasya jñānasya ānantyāt jñeyam alpam

„Durch das Entfernen von Unvollkommenheit kommt die Erfahrung des Unendlichen und die Erkenntnis, dass nichts mehr unbekannt ist"

Alles, was uns bislang wichtig und bedeutend erschien, verliert plötzlich seine Wichtigkeit. Nichts ist vergleichbar und ansatzweise vollkommen wie das reine Bewusstsein und die wahre Erkenntnis.

32. tataḥ kṛtārthānāṁ pariṇāmakrama samāptir guṇānām

„Auf diese Weise wird der Zweck der Veränderung erreicht und die wahre Mission des Bewusstseins wird erfüllt"

Der Zweck der Veränderung ist der Blick auf die wahre Natur und das Auslösen aller Anhaftungen und Identifikationen – zu erkennen, wer wir wirklich sind und dass auf dieser Ebene der vollkommenen Selbsterkenntnis kein Leid existiert.

33. kṣaṇa pratiyogī pariṇāma aparānta nirgrāhyaḥ kramaḥ

„Ein Prozess ist eine fortwährende Abfolge von Momenten, deren unterschiedliche Stadien sich abzeichnen, sobald sie zu einem Ende kommen"

Patanjali beschreibt hier die dauerhafte Abfolge von Momenten und die Veränderungen, die in jedem dieser Momente passieren. Während wir über etwas nachdenken, vergehen viele Momente und mit jedem dieser Momente ändert sich die Idee. Wir nehmen diese Änderungen jedoch erst am Ende der gesamten Abfolge wahr. Die Wahrnehmung der Zeit ist also immer ein Bestandteil unseres Verstandes, jedoch nicht des erleuchteten Bewusstseins. Für das reine Bewusstsein existiert nur die Gegenwart. Vergangenheit und Zukunft sind nicht existent. Jeder Moment und jede Veränderung werden ganz bewusst wahrgenommen.

34. Puruṣārthaśūnyānāṁ guṇānāṁ pratiprasavaḥ kaivalyaṁ svarūpapratiṣṭhā vā citiśaktiritiṁ

„Die absolute Befreiung erfüllt das Ziel des wahren Selbst. In diesem Zustand wird die wahre Natur des Selbst und die Kraft des absoluten Wissens offenbart"

An dieser Stelle der absoluten Befreiung und der Offenbarung des absoluten Wissens ist der Yogi von allem befreit und kann in seiner wahren Natur verweilen. Es ist ein Zustand der Neutralität und es bedarf keinerlei Übung mehr. Durchströmt von Vollkommenheit der Selbstverwirklichung erlebt der Yogi wahre Glückseligkeit und Frieden.

Yoga-Sutra im Alltag

Nun ist aber doch die alles entscheidende Frage, wie Sie die Lehren des Yoga-Sutras auch in Ihrem Alltag anwenden können. Dazu sollten Sie sich an dieser Stelle bitte noch einmal bewusst machen, dass Sie weder spirituell noch religiös sein müssen, um Yoga in Ihr Leben zu integrieren. Außerdem spielt es keine Rolle, in welcher Lebenssituation Sie sich gerade befinden. Jeder von uns hat seine eigenen Lasten zu tragen und mit negativen Gedanken zu kämpfen.

Beim Yoga geht es um Einheit. Einheit bedeutet auch, dass wir verstehen müssen, dass wir im Grunde genommen alle gleich sind. Wir haben alle denselben Ursprung, wir leben auf demselben Planeten, teilen dasselbe Universum und atmen dieselbe Luft. Wir alle suchen nach Antworten auf die alles entscheidenden Fragen und doch ist jeder von uns in seinen eigenen Gedanken unterschiedlich. Sorgen und Ängste entstehen genau da, wo unser reines Bewusstsein aufhört, vor allem aber entstehen sie deshalb, weil wir uns weder von den Gedanken an unsere Vergangenheit noch von denen an die Zukunft befreien können.

Wir müssen lernen, loszulassen. Jeder einzelne Moment ist so kostbar und immer dann, wenn wir uns in Illusionen verlieren, haben wir einen weiteren dieser Momente verpasst. Was kann so wichtig sein, dass wir die Gegenwart nicht wertschätzen? All die Gedankenmuster und Überzeugungen, die sich auf unbewusster Ebene manifestiert haben, haben nichts mit der wahren Realität zu tun.

Wenn Sie beginnen, Ihre Gedanken zu beobachten und kontinuierlich Konzentration zu üben, werden Sie schnell feststellen, dass Sie sich Ihr ganzes Leben lang mit Dingen identifiziert haben, die nichts mit Ihrem wahren Selbst zu tun haben. Sie sind weder Ihr physischer Körper noch Ihre Gedanken, sie sind viel mehr als das. Halten Sie für einen kurzen Augenblick inne und beobachten Sie den Strom Ihrer Gedanken. Was sehen Sie? Welcher Gedanke ist entstanden und was hat er mit dem zu tun, was Sie gerade machen? Gibt es einen Zusammenhang oder lenkt der Gedanke Sie nur davon ab, sich auf das Hier und Jetzt zu konzentrieren?

Der Prozess zu reinem Bewusstsein ist eine Lebensaufgabe, die auch immer wieder kleinere Hindernisse oder Rückschläge mit sich bringt. Das, was letztendlich jedoch den Unterschied macht, ist die Art und Weise, wie Sie mit diesen Rückschlägen umgehen. Sie können entweder frustriert sein und aufgeben oder Sie können auch die vermeintlich negativen Situationen akzeptieren und das Beste daraus machen. Es wird immer wieder Momente in Ihrem Leben geben, die Sie völlig unerwartet treffen und vielleicht nicht dem entsprechen, was Sie in Ihrer Vorstellung kreiert haben.

Das liegt jedoch einzig und allein an den Erwartungen, die Sie haben. Wenn Sie vorab keine Erwartungen an etwas oder jemanden haben, dann werden Sie auch weniger Enttäuschungen erfahren. Es gibt nicht immer den einen, perfekten Weg zum Glück und unendlicher Zufriedenheit.

Jeder Weg hat Abzweigungen, die Ihnen im ersten Moment vielleicht als Hindernis erscheinen mögen, Ihnen am Ende aber Türen öffnen, die Ihnen ohne dieses Hindernis womöglich verschlossen geblieben wären. Alles entscheidend, und das, was Patanjali in seinem Yoga-Sutra immer wieder betont, ist jedoch das Leben im Hier und Jetzt. Dieser Zustand kann nur mit

Bewusstsein darüber erreicht werden, wo wir unseren Ursprung haben und wer wir wirklich sind. Und Fakt ist, dass die Menschen schon vor tausenden Jahren versucht haben, die Aufgaben des Lebens zu meistern und den wahren Sinn ihrer Existenz zu erkennen. Mit den heutigen Verhältnissen und dem permanenten Leistungsdruck, dem wir uns selbst aussetzen, um ein Teil des Systems zu sein oder uns daran anzupassen, erscheint es fast unmöglich, diese Aufgaben zu lösen.

Der einzige Weg, um jedoch aus diesem System auszubrechen und zu dem großen Ganzen zurückzufinden, das in jedem von uns existiert, ist und bleibt das Kultivieren von Achtsamkeit und Bewusstsein durch Meditation. Nicht umsonst hat Patanjali ein ganzes Buch darüber geschrieben, dessen Inhalt noch in der heutigen Zeit gelehrt und gelebt wird. Dieses Buch kann auch Ihnen als Leitfaden dienen, der Sie zu Ihrem wahren Selbst zurückführt.

Stellen Sie sich die Frage: *„Wer bin ich?“*. Vielleicht haben Sie zum jetzigen Zeitpunkt bis auf wesentliche Fakten noch keine Antwort darauf, was aber nicht bedeutet, dass es keine gibt. Beginnen Sie mit Meditation, werden Sie achtsamer im alltäglichen Leben, tun Sie all das einzig und allein für sich selbst und ihre Zufriedenheit und Sie werden noch viele weitere lebensverändernde Antworten finden.